AF314163

NOTICE GÉNÉRALE

SUR LES

PRINCIPALES LOIS

PROMULGUÉES AU BRÉSIL

DE 1891 A 1894

APERÇU POLITIQUE — DROIT — ADMINISTRATION

PAR

Le Vicomte de CAVALCANTI

ANCIEN MINISTRE ET SÉNATEUR DE L'EMPIRE

MEMBRE DE LA SOCIÉTÉ DE LÉGISLATION COMPARÉE

Extrait de *l'Annuaire de Législation Étrangère* (XXIVe année.)

PARIS

LIBRAIRIE COTILLON

F. PICHON, Sr IMPRIMEUR-ÉDITEUR, LIBRAIRE DU CONSEIL D'ÉTAT

24, rue Soufflot, 24

—

1896

NOTICE GÉNÉRALE

PRINCIPALES LOIS

PROMULGUÉES AU BRÉSIL

DE 1891 A 1894

APERÇU POLITIQUE — DROIT — ADMINISTRATION

PAR

Le Vicomte de CAVALCANTI

ANCIEN MINISTRE ET SÉNATEUR DE L'EMPIRE

MEMBRE DE LA SOCIÉTÉ DE LÉGISLATION COMPARÉE

Extrait de *l'Annuaire de Législation Étrangère* (xxive année.)

PARIS

LIBRAIRIE COTILLON

F. PICHON, Sr, IMPRIMEUR-ÉDITEUR, LIBRAIRE DU CONSEIL D'ÉTAT

24, rue Soufflot, 24

1896

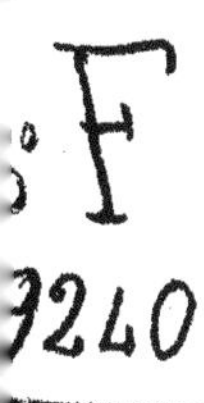

Cette « notice » a été préparée à la hâte dans le seul but de combler, quoique d'une façon imparfaite, une lacune laissée dans l'Annuaire de la législation étrangère à la suite du décès du très regretté *vicomte d'Ourém*, qui, jusqu'en 1890, présentait chaque année une étude remarquable sur la législation brésilienne. Nous avons dû arrêter notre travail à l'année 1894, la collection des lois de 1895 n'étant pas encore parue à Rio à la fin du mois de mai dernier et le temps matériel nous ayant manqué pour puiser des renseignements à d'autres sources.

BRÉSIL

NOTICE GÉNÉRALE SUR LES PRINCIPALES LOIS PROMULGUÉES
DE 1891 A 1894 (1)

1891 (2).

Pour se rendre compte de la situation politique du Brésil au commencement de cette année il ne faut pas perdre de vue que le Congrès fédéral siégeant à Rio de Janeiro n'avait pas encore achevé d'établir la Constitution de la République et que le maréchal Deodoro da Fonseca, chef du gouvernement provisoire, était encore investi de la dictature. L'exercice du pouvoir absolu depuis le 15 novembre 1889, le prestige considérable que lui donnait sa situation à la tête de la révolution triomphante, la popularité dont il jouissait dans l'armée, firent que le maréchal, qui n'était d'ailleurs pas à la hauteur de sa difficile mission, finit par se considérer comme étant le dépositaire unique de la pensée révolutionnaire et par prendre les allures d'un vrai souverain, ce à quoi il était encouragé par les adulations et les flatteries que lui prodiguait son entourage. Les ministres, tout d'abord complices de ces agissements qui mettaient en danger les nouvelles institutions républicaines en les rendant favorables seulement à des intérêts illicites, n'osaient et ne pouvaient plus résister à cette puissance qu'ils avaient contribué à établir. Cependant le pouvoir absorbant du maréchal s'accentuait chaque jour davantage; mais à la fin, ces ministres dénués de toute force morale, privés de l'appui du pays, cédant à la pression de l'opinion publique, ne cherchèrent plus qu'un prétexte pour sortir d'une situation devenue insoutenable. Ce prétexte fut trouvé, et le 20 janvier ils adressèrent au chef du gouvernement la lettre suivante : « Généralis-

---

1) Ce travail a été préparé à l'aide de la collection des lois brésiliennes et du journal *le Brésil*, publié à Paris.

(2) Pour l'année 1891, l'auteur a consulté avec fruit des notes envoyées par M. J. C. de Souza-Bandeira, procureur fiscal à Rio de Janeiro.

sime, le projet de constitution de la République ayant été voté aujour-
d'hui en première discussion par le Congrès et notre retraite de la
gérance des affaires publiques dépendant de ce vote, vu la démission
que nous avons donnée de nos portefeuilles à la dernière conférence du
17 janvier par suite de notre opposition à la garantie d'intérêts pour
l'établissement du port de Torres, nous attendons la désignation de nos
successeurs et vous réitérons l'expression de notre haute considération. »

Le maréchal répondit en date du 21 : « Illustres concitoyens, en
réponse à votre lettre d'hier dans laquelle vous demandez à être relevés
de vos fonctions, je viens vous déclarer que j'accède à votre désir, regret-
tant toutefois que ce soit la garantie d'intérêts pour l'établissement du
port de Torres, œuvre très urgente, dont la haute portée politique et
économique avait été reconnue tout d'abord par la presque totalité
du ministère, qui ait servi de prétexte à votre résolution. Je vous
réitère l'expression de ma haute considération. »

Le 24 janvier un ministère nouveau fut formé ayant à sa tête le baron
de Lucena, ministre de l'agriculture, qui était l'ami intime et le conseil-
ler particulier du maréchal ; c'était un ancien magistrat qui avait été
président de la Chambre des députés sous l'empire. Le portefeuille des
finances fut confié à M. Araripe, également magistrat et ancien député
de l'empire. Le gouverneur de Pará, M. Chermont, jeune homme inconnu
ailleurs que dans cet Etat, fut appelé aux affaires étrangères. Il était le
seul qui représentât dans le ministère les traditions républicaines, car
M. Assiz Brazil, un autre républicain de la première heure, député de
Rio Grande do Sul, avait refusé le portefeuille de la justice.

La mort de M. Benjamin Constant, membre du gouvernement provisoire du 15 novembre 1889, eut lieu le jour même où le nouveau ministère entrait en fonctions. C'était un ancien professeur à l'école militaire
de Rio de Janeiro, et un ardent propagateur du positivisme d'Auguste
Comte ; ses disciples le considéraient comme le véritable fondateur de
la République. On dit que sa mort fut hâtée par les amères déceptions
que lui occasionna la politique. Le Congrès lui vota des honneurs
extraordinaires et le gouvernement, en dehors d'une pension allouée à
sa famille, décréta l'érection d'un monument à la mémoire de cet ennemi
de la monarchie. Benjamin Constant n'avait cependant pas eu à se
plaindre de l'Empereur qui lui avait prodigué ses faveurs à cause de
son réel talent de mathématicien, et avait fermé les yeux sur la partie

doctrinale de son enseignement. C'est en effet du haut de sa chaire de l'école militaire qu'il avait commencé à jeter les premières semences qui devaient un jour produire la révolution.

La Constitution fut votée et solennellement promulguée le 24 février. Le lendemain, le Congrès procéda séparément et par appel nominal des 234 membres à l'élection du président et du vice-président de la République. Par 129 voix, contre 97 données à M. Prudente de Moraes, le maréchal Deodoro da Fonseca fut élu président, et par 153 voix contre 57 en faveur de l'amiral Wandenkolk, le maréchal Floriano Peixoto fut élu vice-président. Ce résultat du scrutin mit en évidence la désunion qui régnait parmi les républicains qui n'étaient pas satisfaits du gouvernement et voulaient remplacer le maréchal par un civil; l'opinion publique était au reste favorable à un semblable changement. A la veille de l'élection, 180 officiers de l'armée de terre, réunis dans le club militaire de Rio de Janeiro, votèrent une motion approuvant le congrès dans le choix qu'il ferait d'un président de la République quel que fût le candidat élu.

D'un autre côté le club naval, dans une réunion de 71 officiers, adopta par une majorité de 47 voix la motion suivante : La force armée a pour mission de maintenir l'ordre et de faire respecter la loi sans s'immiscer dans les choses de la politique.

Il paraît que le choix du Congrès fit avorter un coup d'Etat; et les sauveurs, conscients ou inconscients, de la République, partirent en vacances.

Le ministère présenta sa démission ; car, la période dictatoriale étant close, le gouvernement provisoire était dissous, et le président constitutionnel de la République devait choisir librement ses ministres. Le maréchal refusa cette démission en déclarant que M. Lucena et ses collègues possédaient son entière confiance. Et, sans aucune autre formalité, les ministres passèrent au nouveau régime.

Le ministère Lucena-Araripe se concilia, au commencement de sa gestion, quelques sympathies. Il chercha à rompre avec la politique risquée des innovations radicales qui avaient tant alarmé le pays, des dépenses et des gaspillages audacieux qui avaient énormément accru les responsabilités de l'Etat, des désordres administratifs qui avaient bouleversé tous les services publics et dont l'influence néfaste s'était fait sentir jusque dans les cercles commerciaux où l'abus des spéculations avait produit des catastrophes lamentables et la baisse du change. C'était une réaction, mais au lieu d'en user avec sagesse et discernement, le ministère se lança dans une série d'aventures hasardeuses qui imprimèrent un mouvement de recul considérable à la politique générale du pays.

Le Président de la République, le ministère, les hommes qui appuyaient le gouvernement, tous républicains du 15 novembre, n'étaient pas imbus des principes du nouveau régime constitutionnel; ils se montrèrent réfractaires à sa pratique et la Constitution, devenue lettre morte, recevait à chaque instant des coups plus ou moins rudes. La presse de l'opposition protestait en vain de la façon la plus énergique.

Un arrêté ministériel défendait le transfert ou l'aliénation des biens appartenant aux communautés et aux ordres religieux malgré la Constitution qui, ayant séparé l'Eglise de l'Etat, dispose textuellement qu' « *aucun culte ou église ne jouira de subvention officielle, ni n'aura de rapports de dépendance ou d'alliance avec le gouvernement de l'Union ou celui des Etas* » (art. 72 § 7).

Les élections pour les législatures des Etats furent faites sous les auspices des nouveaux gouverneurs et la pression officielle augmenta l'ardeur de la lutte entre les néo-républicains du ministère et ceux qui avaient pris part à la révolution ou voté la Constitution de la République.

Les questions militaires ressuscitèrent. Les cadets de l'Ecole militaire de Rio de Janeiro se révoltèrent et le gouvernement se vit obligé d'en envoyer plusieurs en forteresse ou dans les rangs de l'armée. Une partie de la presse les défendit en prétendant qu'ils étaient persécutés parce qu'ils se seraient opposés à un complot préparé en février dans le but de proclamer le maréchal Deodoro da Fonseca dictateur perpétuel.

Du reste le programme d'économies et de résistance aux trafics louches ne tarda pas à être plus ou moins délaissé.

Deux manifestes condamnant la politique réactionnaire du gouvernement furent publiés l'un après l'autre, sous la signature de membres du Congrès, d'anciens ministres, de gouverneurs des Etats, d'officiers supérieurs de l'armée, etc.

Le 2 mai un remaniement ministériel se produisit. M. Araripe céda le portefeuille des finances à M. Americo Braziliense, gouverneur de l'Etat de S. Paulo, et prit lui-même celui de l'intérieur; mais M. Braziliense n'ayant pas accepté sa nomination au ministère, le baron de Lucena prit ce portefeuille et remit celui de l'agriculture à son collègue de l'Instruction publique, M. Uchoa Cavalcanti, de Pernambuco. Telle était la situation le 15 juin, quand le Congrès constituant transformé en Assemblée législative ordinaire, s'installa de nouveau à Rio de Janeiro. Une lourde tâche incombait à ce Congrès. Outre l'élaboration des réglements internes des deux Chambres, il devait voter sans retard les lois organiques dérivant de divers articles de la Constitution et le budget fédéral qui pour la première fois allait fixer les revenus de l'Union sur les bases établies par la Constitution (art. 7, 9 et 12).

Le gouvernement, au lieu de présenter au Congrès les rapports ministériels pourvus des renseignements officiels nécessaires aux travaux législatifs, se borna à envoyer un simple message ayant le tour et le style des anciens *discours de la Couronne*. Le Congrès, de son côté, eut le tort de provoquer le gouvernement par des projets de loi qui visaient particulièrement M. Lucena; par exemple, un projet prohibant le port de titres honorifiques, quand il portait encore celui de *baron*; un autre établissant l'incompatibilité absolue entre les charges fédérales et celles des Etats, alors qu'il était ministre du Président de la République, membre du Tribunal suprême Fédéral et qu'il venait d'être élu gouverneur de Pernambuco. Ce dernier projet fut voté à la hâte par la majorité des deux Chambres.

La lutte s'engagea entre les deux pouvoirs et se poursuivit avec violence. Aux accusations, aux motions, aux projets législatifs contre la politique du gouvernement, le Président de la République répondit par le renvoi de plusieurs lois votées, y compris celles concernant les crimes de responsabilité du chef du pouvoir exécutif et les incompatibilités dont nous venons de parler.

La divergence s'accentua encore davantage au sujet de la question des banques d'émission. La majorité du Congrès voulait que l'on n'émît pas plus de papier-monnaie qu'il n'y en avait déjà en circulation, quand le gouvernement fit déposer un projet élevant cette émission à 600.000 contos. Inutile de dire que le gouvernement fut battu. Le 27 octobre, la Chambre des députés approuva en troisième lecture un autre projet en accord avec les idées de la majorité qui s'était accrue pendant la discussion. Le conflit ne se calmait pas, et le refus de sanction des lois votées irritait le Congrès.

La Constitution fédérale contient une disposition d'après laquelle « *les projets rejetés ou non sanctionnés ne pourront être renouvelés pendant la même session* » (art. 40). Mais le Sénat ne se faisait pas scrupule de violer cette disposition, et les projets de son initiative renvoyés par le président de la République furent mis en discussion pour être rejetés ou approuvés par les deux tiers des suffrages présents, et, dans ce dernier cas, être renvoyés à la Chambre des députés, conformément à la Constitution (art. 37, §§ 1 à 3).

C'est ainsi que le projet des incompatibilités fut discuté de nouveau au Sénat et finalement approuvé par les deux tiers; majorité obtenue, il est vrai, grâce à un tour d'adresse.

Tel fut, en effet, le cas. Mis aux voix, le projet obtint alors 29 *oui* contre 15 *non*. Ainsi donc il était repoussé par une seule voix; mais la majorité s'aperçut que, dans la minorité, se trouvait un frère du maréchal Deodoro da Fonseca, qui était en même temps sénateur et président de l'Etat de Alagoas. Alors la majorité décida que ce sénateur était atteint par le projet, et, attendu qu'il est interdit aux membres du Congrès de prendre part au vote de projets les intéressant *personnellement*, sa voix fut éliminée; la minorité fut réduite à 14 voix; les deux tiers étaient acquis; le projet fut maintenu et envoyé à la Chambre des députés.

Cependant le bureau de cette Chambre avait décidé d'ajourner la discussion de ces projets ; mais un membre de la majorité présenta une motion demandant qu'ils fussent discutés d'urgence et la question fut promptement vidée : le bureau donna sa démission et un autre fut élu à sa place.

Le 3 novembre, le Sénat qui avait maintenu, par 33 voix contre 12, le projet non sanctionné de la responsabilité présidentielle, l'envoya à la Chambre des députés, qui était déjà à même de s'en occuper. Le soir de ce jour, on nota un va-et-vient insolite au palais du président de la République, où avaient été convoqués les chefs de corps de la garnison. C'était le coup d'Etat que l'on préparait.

Le lendemain, la capitale fédérale s'éveilla étonnée par la publication de plusieurs décrets, signés la veille, par lesquels le maréchal Deodoro da Fonseca dissolvait le Congrès, proclamait la dictature, mettait les villes de Rio de Janeiro et de Nictherohy en état de siège, suspendait pour deux mois les garanties constitutionnelles et convoquait une Constituante qui procéderait à la revision de la Constitution. Dans un long manifeste à la nation, le maréchal se répandait en récriminations contre le Congrès, et prétendait expliquer le coup d'Etat en disant que cet acte avait pour but d'empêcher l'explosion d'une conspiration monarchique, dont, ajoutait-il, il avait les preuves entre les mains. On avait placé des mitrailleuses aux portes du palais présidentiel, dont l'accès était défendu, ainsi que devant les casernes, où les forces de la garnison étaient consignées. L'édifice du Congrès fut garni de troupes dont les officiers signifiaient aux sénateurs et aux députés l'interdiction de pénétrer. En même temps, toutes sortes de procédés d'intimidation étaient employés : commission militaire pour le jugement des ennemis de la République, ou plutôt du gouvernement, arrestation de personnages importants, menaces de déportation, pression sur les journalistes, recrutement forcé, etc.

Les membres de l'opposition du Congrès quittèrent la capitale, à l'exception de ceux auxquels des sauf-conduits furent refusés. Pendant ce temps de terreur et de silence, interrompu seulement par les hommages du monde officiel et les applaudissements des amis du gouvernement, celui-ci expédia divers décrets relatifs à des questions administratives, telles que l'affermage des chemins de fer de l'Etat, le dépôt de réserves du Trésor dans les banques qui s'étaient fait remarquer par leurs spéculations effrénées, la révocation du décret du 6 octobre 1890 pour la conversion des *apolices* de 5 0/0 en titres de 4 0/0 or, l'ouverture d'un crédit de 13,000 contos affectés à l'armement de la force publique. Cependant le commerce était à peu près paralysé et le change descendait à un point inconnu jusqu'alors (10 1/8).

La population, écrasée par le renchérissement des produits alimentaires, ne cachait pas son mécontentement. Le gouvernement s'empressa d'annoncer des mesures propres à améliorer les conditions du marché, en même temps que de riches banquiers dévoués au maréchal faisaient publiquement de larges distributions de vivres.

Tout faisait prévoir que cette situation anormale était insoutenable et ne pourrait durer. Sous le calme apparent on pressentait déjà la réaction, et elle fit, en effet, irruption aux points extrêmes de la République.

Au nord, l'Etat de Parà refusa tout rapport avec le gouvernement dictatorial et prit des mesures pour ne pas lui envoyer le produit des impôts fédéraux ; au sud, l'Etat de Rio-Grande se souleva, déposa le gouvernement et leva un corps d'armée qui, après quelques rencontres sanglantes avec les troupes fidèles au maréchal Deodoro da Fonseca, se disposait à marcher sur la capitale fédérale où divers membres du Congrès, de concert avec plusieurs officiers de l'armée de terre et de mer, préparaient un coup décisif. Informé de ces préparatifs, le Président de la République ordonna, dans la nuit du 22 novembre, l'arrestation de quelques officiers supérieurs et d'autres citoyens qu'il savait être liés au mouvement réactionnaire. Mais il était trop tard. Le 23 novembre, les cuirassés de la flotte en rade de Rio de Janeiro, ayant à leur bord les officiers contraires à la dictature, sous le commandement de l'amiral Custodio de Mello, se mirent en ordre de bataille ; à terre, les troupes favorables à la révolution se soulevèrent, et la lutte était sur le point de s'engager. Ce fut à ce moment que le maréchal Deodoro da Fonseca prit une sage résolution qui lui fera pardonner devant l'histoire impartiale bien des fautes et des erreurs : il fit appeler le vice-président de la République, maréchal Floriano Peixoto, et lui transféra le pouvoir. Ensuite, il lança un manifeste où l'on lisait ce passage : « Les conditions dans lesquelles se trouve actuellement le pays, l'ingratitude de ceux pour qui je me suis le plus sacrifié et le désir de ne point déchaîner la guerre civile dans ma chère patrie, me conseillent de résigner le pouvoir. »

Le même jour, le vice-président lança également son manifeste dans lequel il proclamait la nullité de la dissolution du Congrès et de tous les actes dictatoriaux et déclarait rétablies toutes les lois et garanties constitutionnelles suspendues en vertu de l'état de siège.

Un nouveau ministère fut organisé ; l'amiral Custodio de Mello y entra avec le portefeuille de la marine.

Les événements qui s'étaient produits dans la capitale fédérale se répercutèrent naturellement dans les Etats, et des mouvements insurrectionnels, pour la plupart dirigés par des militaires, amenèrent la déposition des gouverneurs qui avaient adhéré au coup d'Etat du maréchal Deodoro da Fonseca.

Le Congrès, convoqué le 25 novembre, reprit ses travaux le 18 décembre. Elu, ou plutôt nommé en pleine dictature, produit de la révolution et non de la Constitution, il se trouvait dominé par les passions politiques qui s'étaient déchaînées pendant le récent conflit de pouvoirs et par conséquent il n'y avait rien de bon à attendre de cette session ; mais, dans les circonstances exceptionnelles dans lesquelles se trouvait le pays, elle était devenue indispensable pour achever le vote du budget.

Vers la fin de cette triste année, un événement plongea toute la nation dans la douleur la plus profonde. D. Pedro II, l'Empereur bien aimé des Brésiliens, mourut à Paris le 5 décembre.

L'émouvante nouvelle se répandit avec la rapidité de l'éclair, et partout les manifestations du deuil public furent unanimes. Faisant trève aux dissensions de toute espèce, le Brésil entier s'inclina devant le cercueil du grand prince qui, après un long règne sage et paternel, rempli de bienfaits inoubliables, descendait, détrôné, au tombeau, exilé, pauvre, sans pouvoir même dormir du sommeil éternel sur un coin du vaste territoire de cette patrie qu'il avait tant aimée.

Le cri de douleur de l'âme nationale fut tellement déchirant que le gouvernement s'en inquiéta et que des ordres malencontreux furent expédiés dans le but de l'étouffer. Il n'y parvint pas.

A Rio de Janeiro la police prétendit faire enlever les drapeaux nationaux mis en berne dans les hôtels des journaux, même radicaux; mais elle fut obligée de reculer devant la résistance des rédacteurs parmi lesquels se trouvait M. Q. Bocayuva, le chef républicain, ministre du gouvernement révolutionnaire du 15 novembre.

Le monde officiel évita de se rendre aux églises où l'on célébrait des funérailles imposantes; mais la foule les remplissait et associait ses prières aux chants religieux.

La légation du Brésil à Paris, obéissant aux instructions transmises de Rio de Janeiro, s'abstint de figurer aux obsèques impériales, mais on y voyait à côté des plus hauts fonctionnaires et des personnages illustres à tous les titres, les représentants de toutes les nations civilisées auprès desquelles le populaire souverain jouissait de la plus haute estime.

Au Brésil, tandis qu'on célébrait des funérailles pour le repos de l'âme de celui qui, pendant cinquante années, fut le chef constitutionnel de la nation, l'armée et la marine, auxquelles il avait toujours témoigné une vraie sollicitude, furent empêchées de rendre à sa mémoire les honneurs militaires. Ces cuirassés et ces forteresses qu'il avait armés non point pour verser le sang de ses compatriotes, mais pour les protéger et maintenir partout respecté le drapeau vert et or, ne purent joindre la voix solennelle de leurs canons à l'explosion déchirante de la douleur nationale... Mais, ici, dans cette grande France républicaine, tous les hommages furent rendus par la valeureuse armée de ce pays et pendant que le glorieux drapeau tricolore s'inclinait devant la dépouille mortelle de l'Empereur D. Pedro II, le canon des Invalides faisait entendre l'écho funèbre d'un dernier salut.

LA CONSTITUTION FÉDÉRALE.

Le 4 février le bureau du Congrès promulgua solennellement la Constitution fédérale. Les pouvoirs fondamentaux s'y trouvent définis dans leurs attributions. — Le pouvoir législatif est divisé en deux branches, Chambre des députés et Sénat, avec la sanction du président de la République (art. 16). L'initiative des lois d'impôts et de fixation des forces de terre et de mer, la discussion des projets présentés par le gouvernement, la déclaration de la validité ou invalidité des accusations contre le président de la République et contre les ministres, appartient à la Chambre des députés (art. 28). Le Sénat a l'attribution exclusive de juger le président de la République et les fonctionnaires que la Constitution indique (art. 33). Les députés et les trois sénateurs de chaque État sont élus par suffrage direct. Chaque législature a une durée de trois années (art. 17). Le mandat des sénateurs dure neuf années; mais le Sénat se renouvelle par tiers tous les trois ans (art. 30 et 31).

Le Pouvoir exécutif est confié au président de la République, également élu par suffrage direct pour quatre années (art. 41 et 47). Il a pour auxiliaires les ministres qui contresignent ses actes (art. 49). Les attributions les plus importantes du président sont : exercer ou désigner qui exercera le commandement général des forces de terre et de mer quand elles sont appelées à la défense de l'Union', remettre et commuer les peines, déclarer la guerre et faire la paix, déclarer l'état de siège, faire des conventions et traités *ad referendum* au Congrès, nommer aux charges civiles et militaires, etc. (art. 48). Le président de la République est personnellement responsable de ses actes politiques.

Le pouvoir judiciaire de l'Union a pour organes le tribunal suprême fédéral, les juges et les tribunaux répartis dans le pays. Le tribunal suprême se compose de quinze juges nommés par le président de la République avec l'approbation du Sénat et sa juridiction est de la plus haute importance. Tous les juges fédéraux sont nommés à vie et ne perdent leur charge que par sentence judiciaire (art. 55).

Les anciennes provinces forment des Etats. Chaque Etat est régi par la Constitution et par les lois qu'il adopte en respectant toutefois les principes de la Constitution fédérale (art. 63), de même que l'autonomie des municipes (art. 68).

Les qualités et les droits du citoyen brésilien et les droits des étrangers résidant au Brésil sont bien définis (art. 69 à 72) : égalité devant la loi, abolition des titres de noblesse et des ordres honorifiques, liberté des cultes, séparation de l'Eglise et de l'Etat, mariage civil, abolition des peines de mort, de galères et de bannissement judiciaire, etc.

Les militaires ont un tribunal spécial pour les délits militaires (art. 77) ; le recrutement obligatoire est aboli (art. 77, § 3).

Une Cour des Comptes pour liquider les recettes et les dépenses de l'Etat et en vérifier la légalité est établie (art. 89).

La Constitution peut être réformée par l'initiative du Congrès ou par réclamation des assemblées des Etats (art. 90).

Le décret n° 3 du 28 février a décidé que le 24 février (date de la promulgation de la Constitution) serait jour de fête nationale.

ADMINISTRATION FÉDÉRALE.

La loi n° 23 du 30 octobre réorganise les services de l'administration fédérale et les répartit entre les ministères suivants, Finances, Justice et Affaires intérieures, Industrie, Voirie et Travaux publics, Relations extérieures, Guerre et Marine. Chacun d'eux est dirigé par un ministre que nomme et révoque librement le président de la République, lequel doit aussi pourvoir à la suppléance du titulaire. La loi qui remanie ainsi les ministères autorise le gouvernement à organiser les bureaux respectifs et à choisir par voie de règlements le personnel.

Le décret n° 438 du 11 juillet a pris des mesures pour l'organisation des Etats en exécution des articles 3 et 4 des dispositions transitoires de la Constitution.

Nous mentionnons ici, à cause de leur importance historique, les décrets rendus après le coup d'Etat, quoiqu'ils n'aient pas été incorporés définitivement à la législation. Le décret 641 du 3 novembre a dissous le Congrès national et convoqué une Assemblée constituante pour un jour à fixer ultérieurement. Ce jour a été déterminé (3 mai suivant) par le décret n° 677 du 21 novembre qui traçait, en outre, le programme des travaux du Congrès et l'appelait à se saisir des questions ci-après : le Congrès garderait-il le droit exclusif de se proroger et de s'ajourner (art. 17, § 1 de la Constitution)? Devrait-on maintenir la défense adressée (art. 23) aux membres des deux Chambres, à partir de leur élection, d'être membres de commissions ou titulaires d'emplois rétribués? N'y avait-il aucun changement à faire, soit au nombre des membres du Congrès (art. 28), soit quant au droit d'initiative de la Chambre des députés (art. 29), soit quant aux attributions que le Congrès exerce avec le concours du Pouvoir exécutif (art. 35), soit quant à la représentation des projets non sanctionnés (art. 40), soit, enfin, quant à l'usage des décorations et titres honorifiques (art. 72, § 2)? Le jour même de la contre-révolution du 23 novembre, ces décrets furent rapportés par deux autres (n° 685 et n° 686) dont le premier ordonnait la réunion du Congrès.

FINANCES.

Budget. — Le budget pour l'année 1892 n'a été voté que par les lois n°s 25 et 26 du 30 décembre, et la commission du budget dé la Chambre des députés s'est plainte de ne pas obtenir du gouvernement les renseignements nécessaires. Aussi le vote a-t-il eu lieu à la hâte, le Corps législatif n'ayant d'autre guide que ses inspirations et d'ailleurs trop préoccupé des agitations politiques pour étudier avec calme les questions des finances.

Le budget n'étant point adopté encore lors du coup d'Etat du 3 novembre, après la dictature et la révolution du 23 novembre le Congrès n'a eu que le temps de terminer ses travaux et de voter la loi le dernier jour de l'an.

Pour 1892 les recettes ont été estimées à 206,992 contos (au change actuel chaque franc vaut mille reis à peu près), et les dépenses ont été fixées à 205,948 contos. Mais l'excédent des recettes provenait de certains impôts nouveaux comme celui sur le tabac (qui n'a été réglementé que l'année suivante), la taxe de 50 0/0 sur les exportations, celle de 10 0/0 sur les expéditions en douane d'articles non soumis au droit d'importation, enfin la surtaxe de 10 0/0 ajoutée à l'impôt du timbre. Somme toute il s'agissait de nouvelles sources de recette dont le rendement était difficile à prévoir. D'un autre côté on prévoyait une diminution des dépenses, parce qu'un grand nombre de services devaient passer de l'administration fédérale à la charge des Etats. Mais ces prévisions ne furent pas confirmées par les faits : car, presque tous les services restèrent provisoirement dans le *statu quo ante*, les Etats n'ayant pas achevé leur organisation administrative.

Régime douanier. — Le traité de commerce avec les Etats-Unis de l'Amérique du Nord, conclu à Washington le 31 janvier et promulgué au Brésil par le décret n° 1338 du 5 février suivant, a été l'acte le plus important relatif à cet objet. La loi n° 3396 du 24 novembre 1888 avait, sous l'Empire, autorisé le gouvernement à réviser les tarifs de douane quant aux articles importés des Etats-Unis afin d'obtenir à Washington des avantages réciproques pour les exportations brésiliennes. Dans cette vue le gouvernement impérial avait commencé des négociations, lesquelles furent terminées après l'avènement de la République au Brésil. Selon le décret du 5 février, à partir du 1er avril plusieurs articles de provenance américaine seraient exempts de droit d'entrée tels que : blé, maïs et les produits manufacturés qui en dérivent, pommes de terre, charcuterie, poissons salés, secs et saurs, huile de coton, anthracite, goudron, outils, instruments et machines pour l'agriculture, machines à vapeur, instruments et livres concernant les arts et les sciences, matériel pour les chemins de fer, etc., etc. A partir de la même date une réduction de 20 0/0 sur les droits d'entrée serait accordée à plusieurs autres articles tels que : graisse de porc, jambons, beurre et fromage, conserves, fruits et légumes, tissus et vêtements de coton, produits manufacturés de fer et d'acier non compris dans l'exemption précédente, cuirs, planches, bois, ameublements de luxe, voitures, caoutchouc manufacturé, articles de carrosserie, etc. En échange, de ces concessions le Brésil obtenait des Etats-Unis l'exemption des droits d'entrée établis par le bill *Mac Kinley* sur les sucres, mélasses, cafés et cuirs.

Le traité, à peine connu, souleva une forte opposition de la part des producteurs et des commerçants tant nationaux qu'européens. Aussi le 12 février, la Constituante vota-t-elle presque à l'unanimité une motion invitant le gouvernement à suspendre l'exécution de ses engagements jusqu'au vote du Congrès ordinaire. De leur côté les nations européennes présentèrent des réclamations diplomatiques. Les critiques adressées au traité portaient d'abord sur le mal qu'il ferait à quelques cultures ou industries naissantes au Brésil, qui ne pourraient pas, disait-on, supporter la concurrence de l'Amérique du Nord pour la culture du blé et du maïs, la fabrication de cotonnades et de cuirs, l'élevage des porcs, etc. Ensuite les concessions des Etats-Unis relativement au sucre ne visaient que les qualités inférieures taxées dans le tarif *Mac Kinley;* les planteurs brésiliens allaient donc être contraints, ou de renoncer à tout perfectionnement pour jouir des faveurs convenues, ou de perdre ces mêmes faveurs, s'ils persistaient à améliorer leur fabrication. Enfin tout le monde avait cru (et le gouvernement brésilien lui-même avait partagé cette opinion) que le Brésil jouirait *seul* des avantages du traité ; or le gouvernement américain signa, le 24 mars, avec l'Espagne un autre traité reposant sur les mêmes bases et applicable à l'île de Cuba, la rivale du Brésil pour la production du sucre.

En présence de cette situation M. Rodrigues Alves, alors ministre des finances, déclara dans son rapport du 2 mai 1892 que le gouvernement étudierait le sujet avec le plus grand soin et réunirait tous les renseignements sur les résultats obtenus. En attendant l'issue de cette enquête, aucun acte parlementaire ou administratif n'est venu statuer sur les questions que résout le traité.

La Convention pour l'établissement d'une union internationale destinée à la publication des tarifs douaniers, conclue à Bruxelles le 5 janvier 1890, a été rendue exécutoire au Brésil par le décret n° 1227 *A* du 31 janvier. Ce même décret a approuvé le règlement international fait à Bruxelles à la même date.

Factures consulaires. — Le décret n° 169 du 25 avril dispose que les importateurs de marchandises soumises aux droits devront produire, outre les documents exigés par le règlement des douanes, les factures consulaires (*consular invoices*), c'est-à-dire des certificats délivrés par le consul du lieu de l'embarquement, attestant que les marchandises détaillées dans la facture de l'expéditeur ont réellement été chargées sur le navire qui devait les prendre. Ces pièces exigées par les Etats-Unis avaient été recommandées aux autres nations par la Conférence internationale américaine. Le décret n° 684 C. du 21 novembre fixa au 1er janvier prochain la mise en exécution de cette formalité ; mais, par suite de réclamations générales, le gouvernement la suspendit jusqu'au 1er mai 1892. (Décret n° 705 du 30 décembre.)

Dette publique. — Le décret n° 563 du 7 novembre rapporta les articles 3 à 7 de celui du 6 octobre 1890, qui ordonnait la conversion de la dette publique 5 0/0 papier en 4 0/0 or (voir *Annuaire*, XXe année, page 889). Toutefois, en prescrivant le retour à l'ancien type, le décret respecte les conversions faites antérieurement à sa promulgation. On rapprochera de ces dispositions l'article 17 de la loi n° 26 du 30 décembre (budget des dépenses), concernant le recouvrement en or des droits de douane.

Banques d'émission. — La Banque de la République des Etats-Unis du Brésil, résultat de la fusion de la Banque nationale et de la Banque des Etats-Unis du Brésil (voir *Annuaire*, XXᵉ année, p. 898), avait conclu, le 28 juillet, une convention avec le gouvernement pour le rachat du papier-monnaie de l'Etat dans le délai de cinq années; mais cette convention ayant amené les plus vives discussions, la Chambre des députés et le Sénat nommèrent des commissions pour étudier la question et proposer les mesures nécessaires à la réforme des banques d'émission. Le coup d'Etat du 3 novembre interrompit les travaux législatifs et les projets présentés dans les deux Chambres n'aboutirent à rien.

JUSTICE ET AFFAIRES INTÉRIEURES.

Organisation judiciaire. — Les réformes accomplies précédemment dans l'organisation de la justice (voir *Annuaire*, XXᵉ année, p. 902) n'ont été mises en vigueur qu'en 1891. Le décret nᵒ 1 du 26 février a pourvu à l'installation de la Cour suprême fédérale, et le décret nᵒ 6 du 7 mars a installé la justice locale du district fédéral. Les instructions pour l'exercice du ministère public dans ce même district ont été approuvées par le décret nᵒ 134 du 11 avril.

Législation civile. — Nous n'avons à noter aucune mesure législative; nous relevons seulement quelques actes du gouvernement offrant une certaine importance. Le ministre des finances a déclaré, (décision du 15 mars), que la prérogative en vertu de laquelle certaines personnes peuvent constituer des mandataires par acte sous seing privé n'a pas été abolie par l'article 72, § 2, de la Constitution supprimant les privilèges de naissance et les titres de noblesse, mais doit durer tant qu'une loi ne l'aura pas formellement abrogée.

Complétant le décret du 21 novembre 1890 (voir *Annuaire*, XXᵉ année, p. 932), le décret nᵒ 447 du 18 juillet a incorporé au domaine national tous les biens constituant la dot de Son Altesse la comtesse d'Eu et l'immeuble dénommé *Palacete Leopoldina* des héritiers de feu la duchesse de Saxe. (1)

Législation commerciale. — Les sociétés anonymes ont été, cette année encore, l'objet d'importantes modifications législatives. Le décret nᵒ 1302 du 14 février prescrit aux fondateurs de sociétés anonymes de publier une déclaration signée par eux et relatant les clauses principales

---

(1) Ces actes, contraires au droit, attendu que la dot de Leurs Altesses, les Princesses, avait été constituée en vertu de contrats approuvés par le Pouvoir Législatif, ont été annulés par sentence du Tribunal suprême Fédéral.

du contrat, avec l'indication de toutes les sommes qu'on se propose de consacrer à des achats, payements de commissions, etc. Cette déclaration, jointe au projet de statuts et autres pièces, est déposée chez un des fondateurs pour y être dûment examinée, et la souscription ne peut s'opérer que huit jours après ce dépôt. Les documents susdits sont soumis à l'assemblée constitutive de la société et enregistrés à la Junte commerciale. La société est considérée comme dissoute, *ipso facto*, si elle ne commence pas ses opérations dans les six mois de sa constitution. Les fondateurs, ainsi que les individus qui se substituent aux sociétés dans les contrats par elles passés avec l'État et toute personne qui, sous n'importe quelle forme, tire d'une société des profits à déduire du capital social, doivent l'impôt de 5 0/0 sur le montant de ce qu'ils ont à recevoir. Les sociétés anonymes peuvent être constituées moyennant le versement de 10 0/0 du capital souscrit, au lieu de 30 0/0 comme l'exigeait le décret du 13 octobre 1890 (voir *Annuaire*, XXᵉ année, p. 932). Le transfert des actions n'est possible toutefois que si 40 0/0 de leur valeur ont été versés.

Le décret contenait d'autres dispositions dirigées contre les jeux de bourse; mais elles ont été rapportées par un décret subséquent du 20 février. Ajoutons que toute la législation en vigueur sur les sociétés anonymes a été codifiée par le décret nᵒ 434 du 4 juillet. Depuis lors le gouvernement a promulgué un autre règlement sur les sociétés anonymes (décret nᵒ 603 du 20 octobre), mais ce dernier texte souleva des réclamations générales, soit à cause des mesures vexatoires qu'il contenait, soit en ce qu'il avait de contraire à l'esprit de la législation; aussi fut-il rapporté le 22 décembre. Le code des sociétés anonymes continue donc d'être le décret nᵒ 434 du 4 juillet.

Le décret nᵒ 493 du 15 août institua une commission de surveillance pour les banques d'émission et les banques étrangères, ainsi que pour toutes les sociétés anonymes dont les opérations comportent, par leur nature, le contrôle du gouvernement.

Le décret nᵒ 547 du 17 septembre modifia la procédure des demandes de brevets d'invention. Il décida, par exemple, que le dépôt des rapports, plans, dessins et autres documents, serait fait dorénavant aux bureaux du ministère de l'agriculture et non dans les archives publiques ainsi qu'il était d'usage depuis le décret nᵒ 8820 du 30 décembre 1882.

Législation pénale. — La loi nᵒ 21 du 24 octobre maintient les dispositions du décret nº 3163 du 7 juillet 1883, aux termes duquel sont soumis à l'action du ministère public et au jugement de la cour d'assises les vols de bétail, de produits agricoles et forestiers, de viandes salées, de poissons conservés et de cuirs. La cour d'assises est déclarée compétente pour connaître des crimes d'homicide et de vol commis dans les régions frontières.

Procédure. — Nous n'avons à citer que le décret nº 1420 A du 21 février. Il règle les attributions du juge fédéral substitut de district (voir *Annuaire*, XXᵉ année, p. 914); il dispose en outre que, dans les cas urgents, les autorités locales pourront en l'absence de l'autorité fédérale et sans réquisition de celle-ci, mais à charge de rendre immédiatement compte de leurs actes au juge compétent, prendre les mesures nécessaires pour garantir les droits menacés ou pour conjurer les dangers et prévenir les dommages imminents.

Instruction publique. — La réorganisation des services de l'instruction publique exposée dans l'annuaire de 1890 s'est poursuivie en 1891, par une série de mesures dont plusieurs n'ont fait que détruire ce qui avait été créé l'année précédente, sans établir encore un état de choses définitif.

Le décret nº 1232 du 2 janvier avait institué un conseil de l'instruction supérieure à Rio de Janeiro. La loi portant fixation du budget 1892 l'a supprimé par raison d'économie (loi nº 26 du 30 décembre 1891, art. 3, nº I).

Le décret nº 1340 du 6 février a suspendu provisoirement l'exécution des règlements qui avaient établi, pour les établissements officiels d'instruction primaire, secondaire et spéciale, un régime nouveau concernant la nomination des professeurs, l'exercice de leurs fonctions et les avantages à eux conférés. Ce régime n'entrera en vigueur qu'après l'unification des lois relatives aux divers objets susdits.

Le décret nº 1341 du 7 février a décidé que les premières nominations à faire dans les facultés de droit et autres établissements d'enseignement supérieur ou technique auraient lieu en dehors des règlements nouveaux : le gouvernement se réservait ainsi le droit de pourvoir sans concours aux chaires vacantes ou nouvellement créées. Cette mesure ayant provoqué des réclamations, on déclara (décret nº 54 du 21 mars) que, si les professeurs nommés sans concours étaient dans le délai d'un an reconnus par la Faculté impropres à l'enseignement, leurs chaires seraient considérées comme vacantes et mises au concours. Mais ce dernier décret lui-même fut rapporté par celui du 16 mai n° 313 qui maintint les nominations antérieures.

D'après le décret (n° 1232 H) du 2 janvier, l'enseignement des facultés de droit se divise en trois branches : sciences juridiques, sciences sociales et notariat. Le cours juridique, qui est de quatre ans, comprend les matières suivantes : philosophie et histoire du droit, droit public et constitutionnel, droit romain, droit criminel, droit civil, droit commercial, médecine légale, théorie et pratique de la procédure criminelle civile et commerciale, histoire du droit national, notions d'économie politique et de droit administratif. Dans le cours des sciences sociales on étudie les objets ci-après : philosophie et histoire du droit, droit public et constitutionnel, droit international public, diplomatie et histoire des traités, science de l'administration et droit administratif, économie politique, science des finances et comptabilité de l'Etat, hygiène publique, notions de législation comparée quant au droit privé. Le cours du notariat, en deux ans, comprend quatre chaires consacrées : la première à l'explication sommaire du droit constitutionnel et du droit administratif; la seconde à celle du droit criminel, du droit civil et du droit commercial; la troisième à la théorie de la procédure; la quatrième à la pratique de la procédure. Le bachelier ès-sciences juridiques peut entrer au barreau et dans la magistrature; le baccalauréat ès-sciences sociales ouvre l'accès de la diplomatie, des consulats et des emplois de l'administration. Les diplômes de notaire donnent le droit d'exercer les charges de justice. Il est permis d'établir des Facultés libres, jouissant des mêmes prérogatives que les Facultés officielles, sous le contrôle du gouvernement qui leur accorde et leur retire ce privilège.

Le décret n° 599 du 17 octobre accorde ce titre à la Faculté libre de Bahia, et celui n° 639 du 31 octobre, à deux Facultés de Rio de Janeiro: la Faculté libre de droit et la Faculté libre des sciences juridiques et sociales (sur cette dernière, voir Bulletin de la Société de législation comparée de 1892, p. 447).

L'Ecole des mines, existant à Ouro-Preto, capitale de l'Etat de Minas-Geraes, a été réglementée par le décret n° 1258 du 10 janvier. Elle a un cours pour les mines et un autre pour les ponts et chaussées.

Les Ecoles de médecine ont eu leur règlement dans le décret n° 1270 du 10 janvier.

Les Facultés confèrent le grade de docteur requis pour l'exercice de la médecine et de la chirurgie au Brésil, ainsi que les titres de pharmacien, dentiste et sage-femme. Les diplômés à l'étranger, pour pouvoir exercer leurs professions sont tenus de passer un examen devant une faculté de médecine, qui toutefois peut accorder dispense de cette épreuve aux personnes faisant ou ayant fait partie d'établissements médicaux distingués de l'étranger.

Assistance publique. — Le décret n° 1313 du 17 janvier s'occupe du travail des enfants mineurs dans les fabriques de Rio de Janeiro. Le contrôle sera exercé par un inspecteur général relevant directement du ministre. Nul enfant de l'un ou de l'autre sexe ne doit être admis à travailler dans les fabriques avant l'âge de 12 ans. Exception est faite cependant pour les fabriques de tissus où les enfants de 8 ans sont reçus, mais seulement comme apprentis. La durée du travail est de 7 heures par jour pour les enfants de 12 à 14 ans, ainsi que pour les filles de 12 à 15 ans, et de 9 heures pour les enfants de 14 à 15.

Ces périodes de travail doivent être divisées de telle sorte qu'il n'y ait jamais 4 heures de labeur continu. Les mineurs de 8 à 12 ans sont admis comme apprentis dans les fabriques de tissus; ceux de 8 à 10 ans peuvent travailler 3 heures par jour, ceux de 10 à 12 ans 4 heures. La période de travail devra être interrompue une demi-heure, pour les premiers, et une heure pour les seconds.

Il est défendu d'employer des enfants mineurs au nettoyage de la fabrique les dimanches et jours de fête, ainsi que de 6 heures du soir, à 6 heures du matin.

Il est également défendu de charger les enfants mineurs de travaux qui exposent leur vie ou qui exigent d'eux un effort excessif. Ils ne peuvent ni travailler dans les dépôts de charbon végétal ou minéral, ni s'occuper de la manipulation du tabac, du pétrole, de la benzine, des acides corrosifs, des compositions de plomb, du sulfure de carbone, du phosphore, de la nitro-glycérine, du coton-poudre, des fulminates, des poudres, etc., etc., en résumé de tous les ingrédients nuisibles ou dangereux d'après l'avis de l'inspecteur. Les infractions sont passibles d'une amende de 50 à 100.000 reis.

Cultes. — Outre la suppression de la légation près le Vatican, nous ne mentionnerons que quelques décisions ministérielles concernant le régime des associations religieuses. Deux circulaires du ministre, des 13 et 31 mars, ont décidé que l'ancien droit relatif à la main-morte, quoique contraire à l'article 72, paragraphe 3 de la Constitution fédérale, serait maintenu jusqu'à ce qu'une loi nouvelle ait confirmé la disposition de cet article ; mais cette décision a été rapportée le 11 décembre (voir *Annuaire*, XX⁰ année, p. 209, *Bulletin* de 1893, p. 591).

Garde nationale. — Le décret n° 114 du 5 décembre 1890, sur l'organisation de la garde nationale dans le district fédéral, a été étendu aux autres Etats par le décret n° 146 du 18 avril 1891 ; exception est faite pour les Etats des frontières, auxquels continue de s'appliquer le décret n° 277 du 21 mars 1890.

AFFAIRES ÉTRANGÈRES.

Légations. — Le décret n° 140 du 16 avril, rendu en exécution de celui du 11 novembre 1890 fixe le nombre des légations, les classe et détermine le personnel de chacune d'elles. Il appelle des envoyés extraordinaires et ministres plénipotentiaires de 1ʳᵉ classe à occuper les postes ci-après : Allemagne, Etats Unis d'Amérique, République Argentine, Chili, République Française, Grande-Bretagne, Italie, Portugal et République Orientale de l'Uruguay. D'autre part des envoyés extraordinaires et ministres de 2⁰ classe doivent être accrédités auprès des Etats suivants : Autriche-Hongrie, Belgique, Bolivie, Espagne, Mexique, Paraguay, Pérou, Russie, Saint-Siège, Suisse, Vénézuéla. Cette organisation a été, il est vrai, modifiée par la loi n° 26 du 30 décembre (budget art. 5, n° 1) supprimant trois légations (Russie, Autriche-Hongrie et Saint-Siège), et réunissant : 1° la légation du Vénézuéla à celle du Mexique ; 2° la légation du Pérou à celle de Bolivie ; 3° celle du Portugal à celle d'Espagne. Mais les modifications ainsi faites n'ont pas été observées, et le corps diplomatique est demeuré, du moins jusqu'à la fin de l'année, tel que le constitua le décret du 16 avril.

Consulats. — Le nombre et la distribution des consulats ont été réglés par le décret n° 375 du 6 juin : neuf consulats généraux de 1ʳᵉ classe ; dix consulats généraux de 2⁰ classe et vingt-quatre consulats.

La loi précitée du 30 décembre (art. 5, § 2) a modifié cette distribution des consulats. De même que pour les légations l'organisation définitive n'a été arrêtée que dans les années suivantes.

Le tarif des émoluments et des actes passés devant les consuls a été fixé par le décret n° 1327 D du 31 janvier, selon l'article 17 du règlement consulaire du 11 novembre 1890 (voir *Annuaire* XX⁰ année, p. 201).

Le décret n° 557 du 19 septembre a établi les règles que les consuls observeront pour la perception de ces émoluments par le moyen de timbres, ainsi que pour le payement de leurs appointements et le remboursement de leurs frais.

Traités et conventions. — Nous avons relaté le traité de commerce signé avec les Etats-Unis d'Amérique, ainsi que l'adhésion du Brésil à la Convention de Bruxelles pour la publication de tarifs douaniers et à celle de Washington pour le règlement des abordages en mer.

Nous avons à examiner maintenant l'accord intervenu entre le Brésil et le Pérou pour l'exécution des commissions rogatoires. Aux termes de cette convention conclue à Rio de Janeiro le 8 juin et approuvée par la loi n° 14 A du 16 octobre les commissions rogatoires expédiées pour une simple citation ou notification et destinées, soit aux États de Pará et Amazonas (Brésil), soit au département de Loreto (Pérou), doivent, après avoir reçu la légalisation du consul compétent, être transmises aux juges par les gouverneurs des États respectifs au Brésil, par le préfet du département au Pérou. Il existait déjà sur ce sujet, entre les deux pays, une convention signée à Lima le 24 septembre 1879 et promulguée au Brésil par le décret 7582 du 27 décembre de la même année. Mais cette convention ne permettait pas expressément l'envoi de commissions rogatoires sans l'entremise des ministères des affaires étrangères des deux États; le gouvernement péruvien a demandé la suppression de cet intermédiaire dans les cas où il s'agirait des provinces de la frontière, et c'est ce qu'admet le nouvel accord avant lequel, du reste, les juges brésiliens des provinces extrêmes étaient déjà autorisés par leur gouvernement à prendre la voie de la communication directe (arrêtés des 4 novembre 1879 et 3 février 1882).

Nous avons gardé pour la fin le traité conclu avec la République Argentine au sujet du territoire des Missions, parce qu'il a pris les proportions d'un événement national.

Le territoire dit des Missions, situé à la frontière Sud-Ouest du Brésil et comprenant une étendue de près de 700 lieues carrées, est borné de tous côtés par des cours d'eau : au Nord par l'Iguassú, au Sud par l'Uruguay, à l'Est par les Chopin et Chapecó et à l'Ouest par les Pepiri-Guassú et Santo-Antonio. Le Brésil a toujours prétendu que tout ce territoire lui appartenait par la raison que ses limites du côté de la République Argentine se rattachent justement aux rivières Pepiri-Guassú et Santo-Antonio. La République Argentine revendiquait le même territoire en prétendant que sa frontière vers le Brésil était formée par les rivières Chopin et Chapecó.

Cette question trois fois séculaire a été l'objet de nombreux traités et d'interminables disputes entre l'Espagne et le Portugal. La République Argentine et le Brésil ont repris à leur compte, jusqu'à nos jours, ces anciennes prétentions. Le 28 septembre 1885 les deux gouvernements sont convenus de nommer une commission mixte qui étudierait le terrain et en présenterait la configuration exacte. Les travaux de cette commission étaient en cours d'exécution quand on signa à Buenos-Ayres le traité du 7 septembre 1889 (promulgué au Brésil par le décret n° 10423 du 5 novembre suivant) par lequel les deux nations s'engageaient à accepter l'arbitrage du Président des Etats-Unis d'Amérique, si dans le délai de 84 jours, à compter de la fin des travaux de la commission, les négociations n'avaient pas abouti à un résultat amiable.

Tel était l'état de l'affaire lorsque M. Quintino Bocayuva, ministre des relations extérieures du gouvernement provisoire, se rendit à Montevideo, et le 25 janvier 1890 conclut avec M. C. Zeballos, ministre des affaires étrangères de la République Argentine, un traité dont les clauses furent tenues secrètes jusqu'au mois de juin 1891. A cette date il fut soumis à l'approbation du Congrès brésilien.

Le traité partagea le territoire contesté en deux parties par une ligne qui partirait de la rive gauche de la rivière Chapecó à l'embouchure de a Pepiri-Guassú dans l'Uruguay, suivrait la ligne de partage des eaux (*divortia aquarum*) entre l'Uruguay et l'Iguassú et aboutirait à la rive gauche de la Chopin à son embouchure dans l'Iguassú.

Chacun des deux États devait garder le territoire qu'il occupait, pourvu que sa possession fût antérieure d'un an à la date du traité; les deux rivières Chopin et Chapecó étaient attribuées exclusivement au Brésil. Une commission mixte devait être nommée pour préparer le tracé de la ligne séparative, sauf rectification à opérer sur le terrain si les parties contractantes le jugeaient nécessaire.

Le 27 juin la Chambre des députés nomma pour examiner le traité une commission de neuf membres dont le rapporteur, le colonel Dyonisio Cerqueira, était l'un des membres de la commission mixte chargée de l'étude du terrain en 1885. Le 7 août la commission présenta son rapport, qui, à l'unanimité moins une voix, concluait au rejet du traité. Elle estimait, en effet, que le territoire en question appartenait entièrement au Brésil en droit comme en fait.

Après trois jours de débats en comité secret, malgré l'intervention de M. Bocayuva, le traité fut rejeté par 142 voix contre 5.

A la fin de l'année, le gouvernement brésilien attendait le résultat des études de la commission mixte, pour renouer les négociations, et le cas échéant, recourir à l'arbitrage du Président des Etats-Unis.

(La question a été soumise à cet arbitrage et le Président des Etats-Unis l'a décidée en faveur du Brésil, comme nous l'exposerons plus tard.)

ARMÉE ET MARINE.

Armée de terre. — La promotion aux grades de l'armée fait l'objet : 1° du décret n° 1351 du 7 février; 2° du décret n° 1388 du 21 du même mois; 3° des décrets n° 404 du 27 juin et n° 437 du 9 juillet.

Le Congrès a approuvé (17 octobre) le décret n° 193 A du 30 juin 1890 par lequel le gouvernement provisoire avait fixé la limite d'âge et réglé les pensions et retraites des officiers de l'armée.

Le décret n° 338 du 23 mars porte règlement pour le service intérieur et le service extérieur de l'armée.

Le décret n° 441 du 2 juillet divise le pays en sept districts militaires, commandés chacun par un général ou un officier supérieur qui a sous ses ordres toutes les forces du district, les commissions militaires, les forteresses, entrepôts, fabriques, écoles, arsenaux, dépôts, hôpitaux et tous autres établissements relevant du ministère de la guerre dans la circonscription.

Le décret n° 423 du 4 juillet réglemente les écoles pratiques de l'armée.

Une commission technique consultative de l'armée est instituée par le décret n° 433 du 4 juillet, pour l'amélioration du matériel de guerre. Elle comprend trois officiers de l'état-major d'artillerie, un officier du corps de génie, un officier de l'état-major de première classe, deux officiers de marine, les chefs des principaux établissements et des grandes administrations militaires, enfin les commandants des corps en garnison dans la capitale à titre de membres consultants.

Le règlement pour les hôpitaux militaires a été promulgué par le décret n° 476 du 6 août.

Marine. — Le code pénal maritime promulgué le 5 novembre 1890 et dont l'exécution avait été suspendue le 4 février 1891, a été remis en vigueur avec des modifications par le décret n° 18 du 7 mars (voir *Annuaire*, XXe année, p. 904).

Le décret n° 514 du 24 août a étendu aux poursuites répressives exercées contre les officiers de marine les formes établies pour les officiers de l'armée par le décret n° 1680 du 25 novembre 1855.

L'École navale est réformée par le décret n° 1256 du 10 janvier.

Le décret n° 1420 E du 21 février publie le règlement du corps de santé de la marine.

Le décret n° 29 du 14 mars règle le service d'embarquement des officiers de marine et détermine les diverses missions qui peuvent leur être confiées.

Les justifications exigées pour l'obtention des pensions de retraite dues aux familles des officiers décédés, dans les armées de terre et de mer, sont réglées par les décrets n° 471 du 1er août et 683 du 21 novembre.

Le décret n° 1257 du 10 janvier rend exécutoire le règlement international destiné à prévenir les abordages en mer (conférence de Washington du 16 décembre 1889).

Le décret n° 658 du 7 novembre réunit en un seul bureau sous la dénomination de Bureau de la Carte maritime du Brésil, les anciennes administrations des phares, de l'hydrographie et de la météorologie.

VOIRIE ET TRAVAUX PUBLICS.

Le décret n° 1302 du 17 janvier qui avait créé une inspection générale des chemins de fer et lignes fluviales a été rapporté par celui n° 1333 du 3 février rétablissant le régime antérieur selon la clause XXII du décret du 10 août 1878 et l'article 14 du règlement du 31 mai.

Le décret n° 381 du 6 juin réunit sous une même administration la construction du prolongement du chemin de fer central et le trafic de la partie construite. La loi n° 22 du 24 septembre a permis au gouvernement de faire dresser le plan général des lignes télégraphiques de la République.

Agriculture. — Le décret n° 1314 du 17 janvier crée un laboratoire de physiologie expérimentale chargé d'étudier les épizooties et les maladies des plantes, en recherchant leurs origines, leurs causes et les moyens de les combattre.

Le décret n° 1414 du 21 février décide que les chevaux étrangers importés au Brésil seront marqués au fer, lors de leur passage à la douane. Ce même décret institue au ministère de l'agriculture un registre (*stud-book*) où l'on notera l'entrée des animaux importés, avec les indications et documents propres à fixer la propriété de chacun d'eux ainsi qu'à déterminer ses origines et à permettre de reconnaître plus tard ses descendants dans le pays, et à cet effet les éleveurs du Brésil doivent déclarer à la municipalité de leur commune la naissance de chaque poulain d'origine étrangère. Le décret n° 390 du 13 juin publie le règlement relatif à l'exécution de ces mesures.

Le décret n° 612 du 23 octobre s'occupe des stations agronomiques.

1892.

La chronologie établit, comme point de départ des événements, la division du temps en différentes périodes ; mais les événements et leurs conséquences se rattachent fatalement les uns aux autres et annulent ces divisions toutes conventionnelles.

Au Brésil, la lutte politique, ou plutôt l'ambition du pouvoir que se disputaient les factions, projette sur l'année dans laquelle nous entrons les mêmes sombres lueurs que sur la précédente. C'est partout la réaction effrénée, la déposition des gouverneurs et la dissolution des assemblées législatives des États, la destitution en bloc des fonctionnaires, les émeutes et les insurrections souvent sanglantes, l'anarchie, le désordre, le gaspillage, et, ce qui n'est point étonnant, l'intervention des militaires qui appuient ouvertement ce mouvement et qui, dans plusieurs États, remplacent eux-mêmes les gouverneurs renversés.

Tous ces faits, qui n'étaient d'ailleurs que les prodromes d'autres plus graves, impressionnaient vivement l'esprit public. Les classes conservatrices, le peuple honnête et travailleur se tenaient à l'écart de ce milieu convulsionné. En même temps, la débâcle de la place de Rio de Janeiro, résultant des spéculations des banques et des sociétés commerciales organisées à coups de décrets, la déconfiture des entreprises créées dans un but de gain facile, la cherté des substances alimentaires, la baisse du change et la dépréciation du papier-monnaie, l'appréhension de nouveaux troubles, le manque absolu de confiance en ceux-là mêmes qui avaient pour mission de maintenir l'ordre et garantir la sécurité publique, les innovations radicales introduites dans toutes les relations de la vie sociale, agissaient d'une manière inquiétante et rendaient insupportable cette dictature militaire, violente et ombrageuse, que dissimulait mal le nom de République, mais d'une République *qui n'était que proclamée*, comme se plaisait à le répéter un vieux républicain désillusionné.

Le Congrès fédéral qui avait voté, vers la fin du mois de décembre dernier, le budget, publié seulement au commencement de janvier, continua la discussion des lois en suspens au milieu des récriminations les plus acerbes entre la majorité et la minorité. Celle-ci, sûre d'être vaincue dans le vote de questions contraires à ses idées, se servit souvent, comme moyen de résistance, de l'obstructionnisme, sa présence dans la salle des séances étant indispensable pour le *quorum* légal des délibérations.

Tout en poursuivant ces discussions orageuses, le Congrès acheva l'élaboration de la loi électorale et maintint les lois de la responsabilité du président et des incompatibilités auxquelles le maréchal Deodoro da Fonseca avait opposé son *veto*.

Impuissant à résoudre les questions financières et des banques, de la réorganisation des Etats et de l'intervention du pouvoir fédéral, etc., le Congrès termina cette session par une motion votée au Sénat et à la Chambre des députés au milieu d'un grand tumulte, par laquelle il « attendait du gouvernement l'emploi de tous les moyens énergiques que les circonstances conseilleront, afin de maintenir l'ordre, de punir sévèrement ceux qui tenteraient de troubler la paix et la tranquillité publique, de rétablir le régime vraiment fédératif violé par l'acte du 3 novembre et de consolider la République ». C'était encore la dictature. Et après cet acte le Congrès s'ajourna au 3 mai.

Cependant deux questions d'une certaine gravité étaient agitées dans la presse et préoccupaient le public : celle de l'élection présidentielle et et une autre encore provoquée par le régime de la séparation de l'Eglise et de l'Etat, dont nous nous occuperons, parce qu'elle détermina la démission de l'un des ministres d'Etat.

Le conseil municipal de Rio de Janeiro répondant aux influences positivistes dominantes ordonna d'enlever du *Necroterio* (établissement équivalent à la *Morgue* de Paris) la statue de la sainte Vierge et de la placer à l'Académie des Beaux-Arts, ce qui souleva un très vif ressentiment dans la population catholique et dans le clergé. Ce fut alors que l'évêque de Rio s'adressa au ministre de l'intérieur et lui demanda de faire remettre à leurs places non seulement la dite statue, mais aussi les tableaux et les images enlevés des établissements publics et transférés à la même Académie. Le ministre qui avait déjà refusé de faire enlever le Christ des tribunaux, attendu que la religion catholique est celle de la presque totalité des Brésiliens, déféra à la demande de l'évêque. Mais les positivistes eurent encore le dessus. Ils blâmèrent l'attitude conciliante du ministre et celui-ci donna sa démission.

L'autre question était une controverse au sujet de l'élection présidentielle, vu les articles 42 et 43, § 1er de la Constitution et la résignation du pouvoir par le maréchal Deodoro da Fonseca. Pour quelques-uns on devrait procéder immédiatement à cette élection, mais le maréchal Peixoto serait inéligible ; pour d'autres il n'y aurait lieu de procéder à la nouvelle élection qu'à la fin de la période marquée par la Constitution ; d'autres encore pensaient qu'on devrait faire l'élection tout de suite et que le vice-président était éligible. Or, le Congrès n'ayant pas abordé cette question, le débat entre les amis et les adversaires du maréchal Peixoto prit un caractère entièrement aigu.

Au moment où ces deux questions déterminaient une situation particulièrement tendue, treize officiers généraux de l'armée de terre et de la marine remirent au maréchal Peixoto un manifeste qui se terminait de la façon suivante :

« Les soussignés croyant que seulement par l'élection du président de la République faite au plus tôt comme le déterminent la Constitution fédérale et la loi électorale, avec le suffrage librement exprimé sans pression aucune de la force armée, la confiance, la paix et la tranquillité pourront être promptement établies dans la famille brésilienne, ainsi que le prestige du pays, aujourd'hui tellement diminué à l'extérieur, espèrent et comptent que vous donnerez des ordres dans ce sens et que vous n'hésiterez pas à ajouter cet important service civique à ceux déjà si nombreux que vous avez rendus à la patrie sur les champs de bataille. »

Le lendemain, 6 avril, le ministère s'étant réuni en conseil sous la présidence du maréchal Peixoto, décida la mise à la retraite de ces officiers, à l'exception de deux d'entre eux qui perdirent leur rang pour retourner à la 2e classe de leurs grades. Le 8, le vice-président, par l'organe du *Journal officiel*, publia une note par laquelle il blâmait l'indiscipline des signataires de ce manifeste et déclarait qu'il était décidé à prendre les mesures nécessaires au maintien de l'ordre ; mais pas un mot ni une allusion au sujet de l'élection présidentielle.

La mesure prise par le gouvernement contre les treize officiers provoqua des manifestations hostiles et le maréchal Peixoto, sous prétexte que tout cela se rattachait à une conspiration ayant sa déposition pour but, sévit contre les militaires, sénateurs, députés, journalistes et citoyens en général qui lui étaient suspects et tous furent arrêtés en même temps qu'un décret du 10 avril établissait l'état de siège pour trois jours.

Les prisonniers furent internés à bord des cuirassés de l'escadre.

Le 12 avril, un nouveau décret ordonna leur déportation, sauf pour quelques-uns qui furent remis en liberté et d'autres qui furent transférés dans les forteresses de la baie de Rio de Janeiro.

Un second décret mit à la retraite tous les officiers que l'on disait compromis.

Les déportés furent envoyés en des endroits presque inconnu: vant cette rélégation qui leur donna une triste célébrité : *São Joaquim* sur la frontière de la Guyane anglaise; *Cucuhy* à la frontière du Vénézuéla; *Tabatinga* à la frontière du Pérou. Ce sont des anciens avant-postes situés sur les confins des solitudes brésiliennes, dépourvus de tout ce qui est nécessaire à la vie, à plusieurs centaines de lieues de la capitale de l'État du Pará.

Un vapeur spécial emporta les déportés pour l'Amazone et dès son départ l'état de siège fut levé.

M. Ruy Barbosa, sénateur et ancien ministre de la dictature sous le maréchal Deodoro da Fonseca, demanda aussitôt au Tribunal Suprême un ordre d'*habeas corpus* en faveur des déportés et des prisonniers, parmi lesquels se trouvaient des généraux, des membres du Congrès, des citoyens illustres; mais le Tribunal déclara son incompétence pour juger la question qu'il disait être purement d'ordre politique conformément à l'article 8, paragraphe 3 de la Constitution.

La réouverture du Congrès eut lieu le 12 mai et, à cette occasion, on donna lecture du message présidentiel, long document où il était question de tout, hormis de l'élection du Président de la République et où il n'y avait aucune justification des décrets d'état de siège et de déportations.

On lui reprocha également le manque de clarté et de précision à l'égard de la situation financière.

Les mesures exceptionnelles du gouvernement éveillèrent l'attention des deux Chambres dont un certain nombre de membres avaient été frappés par elles et motivèrent des propositions d'amnistie générale et

des motions tendant à amener une solution à l'élection présidentielle et
à réclamer les documents justificatifs des décrets d'avril.

Après plusieurs séances passionnées et tumultueuses, le Congrès décida que le maréchal Peixoto occuperait légalement la présidence de la
République jusqu'au 15 novembre 1894 et vota ensuite l'amnistie dont
la discussion traîna en longueur à cause des manœuvres de la majorité
qui voulait obtenir en même temps l'approbation des actes accomplis
par le gouvernement pendant le siège. En effet, la Chambre des députés
renvoya au Sénat le projet d'amnistie que celui-ci avait proposé, avec
un amendement contenant le *bill* d'indemnité, et à la fin le maréchal
Peixoto promulgua la loi ordonnant simultanément l'approbation de ses
actes et la délivrance des proscrits.

C'est à cette époque que le maréchal Deodoro da Fonseca, le premier
Président de la République, mourut après une longue et cruelle agonie.
Depuis sa démission du pouvoir, le 23 novembre de l'année précédente,
il vivait retiré, abandonné de ses amis et de ses protégés, même des militaires dont il se plaignait amèrement.

Son ressentiment était tellement fort qu'il prit en horreur son uniforme de maréchal et ordonna à sa famille de l'enterrer revêtu d'habits
civils en demandant que les honneurs militaires qui lui étaient dus ne lui
fussent pas rendus.

Le Congrès, plus calme après le vote de l'amnistie et la mort du maréchal Deodoro da Fonseca, continua sa besogne en discutant de
graves questions, comme celle des banques, qui réclamaient une prompte
solution. Le désaccord était complet à ce sujet, même parmi les membres
du gouvernement ; aussi le ministre des finances, M. Rodrigues Alvez,
donna sa démission et son portefeuille passa à M. Serzedello, alors ministre de l'agriculture.

M. Rodrigues Alvez, pendant son ministère, n'avait rien fait que
maintenir le *statu quo ;* mais dans cette inaction peut-être calculée, il
avait écarté tous les projets visant à rendre le Trésor solidaire des em-
barras de la place de Rio de Janeiro. Il opposa la résistance de l'inertie
à toutes les propositions comportant des expériences scabreuses, aux demandes de nouvelles émissions fiduciaires et aux projets de monopole
de banque.

Le Congrès trouva le moyen de se payer son subside pendant les pro-
rogations. Un projet de la Chambre des députés sur ce sujet restait au
Sénat sans probabilité d'être approuvé, faute de crédit budgétaire affecté

à cette dépense; mais on s'aperçut qu'il restait 500 contos des sommes votées pour ce service dans la période ordinaire et la difficulté fut ainsi résolue. Dans ces conditions, on attendait un peu plus d'énergie dans l'accomplissement des travaux du Congrès; mais celui-ci fut impuissant à résoudre même la question des banques, qui fut, *ipso facto*, abandonnée au Pouvoir exécutif; en un mot, il ne fit que voter le budget pour 1893.

Au dernier moment, on ajouta à celui-ci des crédits militaires dont il n'avait point été question pendant la discussion, et dont on prétendit justifier l'urgence par la situation politique internationale des républiques de la Plata et du Pacifique et à cause des armements formidables auxquels se livrait l'Argentine. Ces crédits montaient à 30.000 contos au change de 27, soit environ 60.000 contos papier.

La clôture du Congrès eut lieu le 12 novembre. Son œuvre, pendant six mois de sessions, peut être considérée comme sans importance, et l'on trouvera plus loin celles de ses lois qui méritent d'être plus particulièrement signalées.

FINANCES.

Budget. — Le budget pour l'année 1893 a été voté par les lois n° 126 A établisssant les recettes et n° 126 B fixant les dépenses, toutes deux en date du 21 novembre 1892.

Les recettes générales, augmentées du produit de nouveaux impôts, ont été estimées, en chiffres ronds, à 233.668 contos, et les dépenses ordinaires ont été fixées à 197.308 contos.

L'excédent des recettes, c'est-à-dire 35.960 contos, servirait à peu près à couvrir les différences sur les payements de 27 pence pour 1.000 reis; mais, aux dépenses, il faut ajouter 30.000 contos au change de 27, soit 60.000 contos, papier, résultant des crédits extraordinaires votés au dernier moment pour les ministères de la guerre et de la marine. L'excédent des recettes se trouve par conséquent annulé et il en résulte même un déficit, sans mentionner les crédits extraordinaires que le gouvernement décrétera.

Les recettes. — Augmentées de 20.268 contos sur le budget proposé par le ministre des finances, elles ont été établies d'après les mêmes impôts votés dans le budget de 1892 (loi n° 25 du 30 décembre 1891), dont les taxes furent généralement élevées. Les droits d'importation sur les allumettes furent portés au triple; ceux sur les objets dits de luxe furent accrus de 30 0/0; mais ceux sur les machines, instruments aratoires, outils de travail et matières premières, substances tinctoriales et produits chimiques furent dégrevés de 30 0/0.

Ceux sur le bétail de l'espèce bovine furent supprimés. Les taxes sur l'expédition en douane d'articles introduits en franchise (*direito de expediente*) furent élevées de 10 0/0; celles du personnel ouvrier dans les douanes (*capatazias*) à 100 reis et 50 reis; et celle de magasinage de 1, 2 et 3 0/0, plus les 10 0/0 additionnels sur ces mêmes impôts.

L'impôt sur le tabac fut définitivement établi de la façon suivante. Le tabac brut étranger payera 100 reis par 500 grammes ou fraction; le tabac national haché payera 10 reis par 25 grammes ou fraction et l'étranger 20 reis; chaque cigare étranger payera 100 reis. Les cigarettes de production nationale payeront 10 reis par paquet de 20 et fraction et celles de provenance étrangère payeront 30 reis. Les cigarettes roulées dans des feuilles de tabac payeront taxe double. Le tabac à priser national payera 20 reis par 125 grammes ou fraction, et l'étranger 60 reis. Le recouvrement de cet impôt fut réglementé par le décret n° 1193 du 28 décembre qui abrogea les décrets antérieurs.

L'impôt sur les loteries fut fixé à 15 0/0, en plus 20 0/0 sur le capital des loteries des États dont les billets pourraient être vendus dans le district fédéral, la loi interdisant cette vente ayant été abrogée; toutefois, les loteries étrangères continueront à être soumises à l'ancien règlement.

Le seul nouvel impôt voté fut celui de 2 1/2 0/0 sur le dividende des titres des Sociétés anonymes établies dans la capitale fédérale.

Le gouvernement fut autorisé à émettre des billets du Trésor pour 16.000 contos en anticipation des recettes, à reviser l'impôt du timbre en remettant en usage le papier timbré au lieu des timbres adhésifs, à reviser les tarifs douaniers en établissant un tarif maximum et un autre minimum qui seront respectivement appliqués aux pays étrangers qui auront avantagé ou désavantagé le Brésil dans leurs tarifs douaniers.

Les dépenses. — Elles furent distribuées aux divers ministères :

Justice et Intérieur	13.594	contos.
Relations extérieures	1.623	—
Marine	15.715	—
Guerre	28.836	—
Industrie, Voirie et Travaux publics.	67.526	—
Finances	70.008	—

Ont été comprises parmi les dépenses celles pour le service de la dette publique. La dette extérieure était alors de £ 29.759.000 et la dette intérieure flottante de 338.210 contos. Le budget ne prévit pas les différences de change.

La somme fixée pour les pensionnaires et retraités s'était déjà élevée à 5.245 contos. (La loi nº 117 du 4 novembre règle la concession de pensions et retraites.)

Banques d'émission. — Par le décret nº 1167 du 17 décembre, le pouvoir exécutif subrogeant le Congrès résolut la célèbre *question des banques* qui avait traîné dans les deux Chambres pendant six mois sans trouver de solution. Le moyen qu'il adopta fut la fusion des deux Banques, celle du *Brésil* et celle de la *République*. La nouvelle institution portera le nom de *Banco da Republica do Brazil*. Le capital fut fixé à 190.000 contos qui seraient réduits à 150.000 dans un délai de six mois par l'acceptation et l'amortissement de ses nouvelles actions en payement de dettes. La concession accordée à la Banque sera de soixante années.

La Banque de la République, qui se trouvait en possession du droit d'émission des autres banques (décret du 7 décembre 1890) n'aura plus ce droit, et l'on déclara éteint celui qui avait été conféré à la banque de *Crédit populaire* par le décret du 23 novembre 1890.

Le dépôt de monnaie et d'*apolices* fait par les banques au Trésor pour garantir leurs émissions sera remplacé par un autre dépôt d'*apolices*, or, donnant 2 1/2 0/0, or, d'intérêts payables tous les six mois. Ces *apolices* seront inscrites au nom de la nouvelle banque qui assumera, envers les porteurs, la responsabilité des billets de banque en circulation, en les ramenant, dans le délai de douze mois, à un même type.

Les intérêts de ces apolices seront payés à la nouvelle Banque et attribués à un fonds spécial destiné à couvrir la différence entre la valeur des dépôts et celle des billets émis. Cette différence étant couverte, le Trésor cessera de payer des intérêts. Ce fonds de garantie pourra être employé aux transactions de la banque.

Le gouvernement se réserva le droit d'ordonner le rachat des billets en circulation. Dans le cas de liquidation de la Banque, le gouvernement assumera la responsabilité des billets émis.

Afin d'aider les industries nationales, la banque fut autorisée à émettre des bons au porteur de la valeur de 200 mille reis à un conto, donnant 4 0/0 d'intérêts (payables tous les six mois), jusqu'à concurrence de 100,000 contos. Ces bons seront reçus dans les caisses publiques. L'émission clandestine et tout artifice employé pour effacer l'empreinte certifiant le payement semestriel des intérêts, constitueront le crime de faux monnayage.

La Banque sera chargée du service de la dette intérieure ; elle recevra en comptes courants les soldes du Trésor, fera au gouvernement les avances dont il aura besoin, etc.

La conversion des billets se fera quand le change se sera maintenu pendant une année à 27 pence, ou quand le cours forcé du papier-monnaie de l'Etat sera aboli.

Le gouvernement se mettra d'accord avec la Banque pour le rachat ou le remplacement du papier-monnaie. Elle aura le droit exclusif d'émission de billets au porteur et à vue, dans la proportion du double du dépôt en or.

Le contrat de rachat du papier-monnaie de l'Etat avec la Banque de la République fut rapporté sans indemnité.

La direction de la nouvelle banque sera composée de neuf membres. Le président, le vice-président et un des directeurs seront nommés par le gouvernement. Le président aura le droit de *veto* sur les délibérations qui se rattacheraient au droit d'émission ; on aura recours contre ce *veto* près le ministre des finances qui décidera en dernier ressort. On retirera graduellement, dans le délai d'une année, la valeur de cent mille contos de papier-monnaie de l'Etat en circulation ; ce rachat commencera sur-le-champ. Le décret sera soumis au Congrès pour l'approbation de la partie qui dépasse les facultés du pouvoir exécutif. Les statuts de la nouvelle banque seront organisés en vue des dispositions du décret et seront soumis à l'approbation du gouvernement. Enfin l'exécution du décret dépendra aussi de l'approbation préalable de la fusion par la *majorité* des actionnaires des deux banques, la loi des sociétés anonymes exigeant *l'unanimité* dans l'espèce. A cette exposition du décret nous ajouterons que le capital de la nouvelle banque devait être constitué de la façon suivante. La Banque du Brésil fournirait 100,000 contos, valeur nominale de ses actions au pair (200 mille reis), et celle de la République, 90,000 contos, valeur à laquelle ses actions seraient réduites. Il y avait de ces dernières *un million* représentant le capital nominal de 200,000 contos.

Les dépôts à remplacer par des *apolices* de 2 1/2 0/0 que le Trésor devrait émettre formaient un total de 202,048 contos. Les billets en circulation qui pesaient sur les deux banques fusionnées représentaient alors la somme de 277,000 contos.

Il y aurait donc à découvert 75,852 contos, représentant une avance du Trésor, qui se rembourserait sur le fond spécial constitué avec les intérêts des *apolices* de 2 1/2 0/0.

Nous ne voudrions pas anticiper maintenant sur les résultats de cet acte du gouvernement. Son effet immédiat fut de tenir le marché en suspens et de faire fléchir de 37,000 reis les actions de la Banque du Brésil de la première série, et de 13,000 reis, celles de la seconde ; tandis que les actions de la Banque de la République s'élevaient de 14,000 reis. Ce mouvement de bascule s'accentua encore davantage quand la fusion fut définitivement votée par la *majorité* des actionnaires de la Banque du Brésil, alors qu'elle avait été déjà approuvée par l'*unanimité* de ceux de la Banque de la République qui voyaient leur salut dans la fusion.

Convention de réciprocité. — Celle qui a été conclue entre le Brésil et les Etats-Unis, le 31 janvier 1891 et fut promulguée par le décret n° 1338 du 2 février suivant (voir notice de l'année 1891, p. 1002), n'a pas produit des effets aussi nuisibles que l'on s'y attendait sur le revenu des douanes brésiliennes.

On n'a pu évaluer d'une manière précise la réduction des recettes ; mais elle a dû être minime, car le commerce et l'industrie nord-américains ont très peu profité des franchises et des dégrèvements excessifs qui leur furent concédés, puisque même avec ces avantages la concurrence européenne a eu le dessus.

De son côté le Brésil n'a presque rien retiré de la libre entrée accordée à ses sucres, et les expéditions de Pernambuco, le principal centre de production de cet article, sont restées à peu près les mêmes.

La transformation totale du système douanier américain qui viendra avec l'avènement des démocrates au pouvoir, facilitera l'annulation d'un traité qui peut encore devenir hautement préjudiciable au Brésil.

Factures consulaires. — Nous rappellerons que le gouvernement, ayant réglementé ces documents dans le décret n° 684 C du 21 novembre, en fit suspendre l'exécution par celui en date du 30 décembre 1891, par suite des vives réclamations du commerce. Le résultat de la nouvelle enquête sur cette question a été de déterminer l'expédition du décret n° 805 du 29 avr. Ce nouveau décret modifia le premier et prorogea l'exécution de tous les autres jusqu'à ce que le pouvoir législatif eut approuvé le décret n° 169 du 25 avril 1891, qui avait donné naissance à cette question.

Réorganisation du ministère des finances. — Le gouvernement, autorisé par les lois n° 23 du 30 octobre et n° 26 du 30 décembre 1891, réorganisa les services de ce ministère et créa le *tribunal des Comptes* institué par la Constitution fédérale, en expédiant le décret réglementaire n° 1166 du 17 décembre.

Toutes les affaires concernant les finances fédérales, le Trésor public, la Caisse d'amortissement, l'Hôtel de la Monnaie, l'Imprimerie Nationale, les Douanes, les Agences fiscales, etc., sont du ressort exclusif du ministère des finances dont relèvent également les services de la dette publique, de l'administration du domaine national, du recouvrement et de la comptabilité des recettes fédérales, de l'organisation des budgets, des monts-de-piété et caisses d'épargne, des banques et sociétés anonymes dépendant du contrôle du gouvernement, etc.

Le Tribunal des comptes. — Les attributions de ce tribunal, d'après l'article 89 de la Constitution fédérale, concernent spécialement la liquidation des comptes des recettes et des dépenses et la vérification de leur légalité avant qu'ils soient soumis au Congrès. Les membres du tribunal sont nommés par le Président de la République, avec l'approbation du Sénat. Ils ne perdent leur place qu'après jugement. Le tribunal que le décret organisa se compose d'un président et de quatre directeurs, en dehors du personnel nécessaire au service. Il fonctionne comme tribunal de justice administrative et ses décisions définitives sont exécutées sous forme de sentence par les agents du ministère public. La juridiction du tribunal s'étend à tous ceux qui sont responsables de l'argent et des valeurs de l'Etat.

Les douanes et les agences fiscales. — Le même décret, n° 1166, réorganisa les douanes, en modifiant leurs anciennes attributions et en déterminant les nouvelles qui leur sont advenues par l'extinction des *Trésoreries des provinces* qu'elles remplacent dans les Etats actuels, à l'exception de São-Paulo, Minas Geraes, Matto-Grosso, Parana, Pianhy et Goyaz, dans lesquels ont été créées des agences fiscales du Trésor fédéral (*Delegacias fiscales do Thezouro federal*). Ces agences ont été réglementées par le décret n° 1196-B du 30 décembre.

Les Caisses d'épargne. — Par le décret n° 1168 du 17 décembre, le gouvernement, en poursuivant la réorganisation des services du ministère des finances, ordonna que les bureaux de ces caisses fonctionneraient comme des établissements publics autonomes dépendant seulement du ministère et modifia quelques dispositions réglementaires sur la nomination de leurs gérants et employés.

Navigation de cabotage. — La loi n° 123 du 11 novembre réglementa la navigation entre les ports et dans les eaux du Brésil. Cette navigation, ainsi que l'établit la Constitution, ne pourra être faite que par des navires nationaux. Seront, à cet effet, considérés comme navires nationaux : ceux appartenant à un citoyen brésilien ou à une compagnie ayant son siège au Brésil et gérée exclusivement par des citoyens brésiliens; ceux qui seront commandés par un Brésilien; ceux dont les deux tiers de l'équipage seront de nationalité brésilienne. Le commerce du cabotage, proprement dit, est prohibé sous peine de contrebande aux navires étrangers. Les navires des nations limitrophes ont droit à la navigation des fleuves et des eaux intérieures dans les termes des conventions et des traités. Les dispositions de cette loi seront mises en exécution deux années après sa publication.

JUSTICE ET AFFAIRES INTÉRIEURES

Réorganisation. — Le décret n° 1160 du 6 décembre réunit les services de la justice, de l'intérieur et de l'instruction publique en un seul ministère sous la dénomination de *Ministère de la Justice et des Affaires intérieures.* Ces divers services ont été répartis entre trois bureaux, comprenant chacun deux sections en dehors de la section générale de comptabilité. Dans la capitale fédérale et ailleurs, plusieurs branches de l'administration fédérale relèvent de ce ministère, telles que : les pénitenciers et maisons d'arrêt, les colonies correctionnelles, les archives publiques, la Bibliothèque nationale, le Musée, les Facultés de droit, de médecine et autres, le service sanitaire des ports, les lazarets, les instituts des aveugles et des sourds-muets, la brigade de police avec ses casernes, la garde nationale de toute la République, etc.

Crimes de responsabilité. — La loi n° 27 du 7 janvier règle la procédure à suivre et le jugement à rendre contre le Président de la République et les ministres d'État pour les crimes privés et de responsabilité. Le chef du pouvoir exécutif ne sera point déféré en justice sans décision préalable de la Chambre des députés sur la dénonciation qui doit être portée devant elle. Si la Chambre, après délibération, trouve qu'il y a lieu à poursuite, elle décrétera la mise en accusation, en l'envoyant avec le dossier au Sénat, s'il s'agit d'un crime de responsabilité, ou au tribunal suprême fédéral si la dénonciation a pour objet un crime privé. Les effets du décret de la mise en accusation commenceront dès la date où il est signifié à l'accusé. Ces effets sont : 1° suspension de toutes les fonctions publiques de l'accusé jusqu'à la sentence finale ; 2° obligation de subir l'accusation criminelle ; 3° suspension de la moitié du traitement et la perte totale dans le cas de condamnation. La poursuite n'a lieu que pendant la période présidentielle. Pour les crimes privés, le Président est jugé conformément aux règlements du tribunal suprême fédéral. Les ministres d'État sont jugés par le tribunal suprême pour les crimes privés et de responsabilité, mais si les derniers sont connexes avec ceux du Président de la République, le Sénat est également compétent.

L'accusation du Président de la République devant le Sénat est poursuivie par une commission de trois députés élue par la Chambre.

Les actes de la procédure, les débats de l'accusation et de la défense, la discussion et la délibération du Sénat ont lieu publiquement.

Le Sénat, comme tribunal, n'a à se prononcer que sur les questions suivantes : 1° l'accusé a-t-il commis le crime ou les crimes qui lui sont imputés ? 2° le tribunal le condamne-t-il à la déchéance de la présidence de la République ? Si cette dernière question est décidée affirmativement, le président du Sénat demandera si la déchéance doit être aggravée de l'incapacité d'exercer une autre charge publique quelconque. Les réponses à ces questions ne produiront effet en faveur de l'accusation que si elles sont affirmées par les deux tiers des voix après appel nominal des sénateurs présents à la séance.

La loi n° 30 du 8 janvier définit les crimes de responsabilité du Président de la République. Ces crimes, d'après la Constitution (art. 54) sont tous les actes constituant un attentat contre : 1° l'existence politique de la République ; 2° la constitution et la forme du gouvernement fédéral ; 3° le libre exercice des pouvoirs politiques ; 4° la jouissance et l'exercice légal des droits politiques ou individuels ; 5° la sûreté intérieure du pays ; 6° la probité de l'administration ; 7° la garde et l'application constitutionnelles des revenus publics ; 8° les lois budgétaires votées par le Congrès.

La loi commence par établir que les crimes de responsabilité du Président de la République sont ceux qui s'y trouvent détaillés (art. 1er), et qu'ils seront exclusivement punis de la déchéance appliquée par le Sénat, *sans préjudice de l'action de la justice ordinaire qui jugera le criminel conformément à la procédure et au droit commun* (art. 2). Ensuite la loi développe les sept chapitres de la constitution dans une série d'articles comprenant plusieurs propositions et divers cas constituant autant de crimes, depuis l'attentat contre l'existence politique de la nation jusqu'à l'*incontinence publique*, au *vice du jeu*, à l'*ivresse*, à la *paresse* ou à l'*inaptitude* du magistrat suprême de la République élu par le suffrage direct de ses concitoyens !

Nous rappellerons que le maréchal Deodoro da Fonseca avait opposé son véto à cette loi.

Incompatibilités. — La loi n° 28 du 8 janvier établit l'incompatibilité entre les charges fédérales et celles des Etats, à l'exception des fonctions ayant un caractère purement professionnel, scientifique ou technique et ne conférant à celui qui en est le titulaire aucune autorité judiciaire, administrative ou politique, soit dans l'Union, soit dans les Etats.

Extradition. — La loi n° 39 du 30 janvier rend réciproquement obligatoire l'extradition des délinquants et des condamnés entre le district fédéral et les Etats et entre les Etats eux-mêmes.

Police. — La loi n° 76 du 16 août réorganise la police judiciaire et administrative du district fédéral sous la surintendance suprême du ministre de la justice et la direction du chef de police qui agit par l'entremise de ses agents ; elle autorise la formation d'un corps de sûreté publique, affecte au service quelques articles de recettes indépendamment des crédits votés par le Congrès dans le budget, autorise la réorganisation de la force policière en deux commandements distincts pour l'infanterie et la cavalerie, etc. Cette loi a été réglementée par le décret n° 1034 du 1er décembre.

Législation civile — La loi n° 79 du 23 août étend à tous ceux qui se trouveront en jouissance de leurs droits civils la faculté de donner plein pouvoir par acte sous seing privé. A l'étranger cette faculté est réservée aux citoyens brésiliens, leur signature et leur identité personnelles devant être certifiées par les agents consulaires de la République. Ceux mêmes qui auront la susdite faculté peuvent faire des contrats de n'importe quelle valeur par instrument écrit et signé de leur propre main devant deux témoins, excepté si l'instrument notarié est exigé par la loi comme indispensable à la substance du contrat.

Ces actes et contrats n'auront de valeur contre les tiers qu'après la date de la légalisation des signatures, de l'enregistrement devant notaire, de la production en justice ou du décès de quelqu'un des signataires.

Le décret n° 1157 du 2 décembre réglemente l'interjection de recours d'empêchement (*embargos*) contre les jugements de la cour civile d'appel d'accord avec le décret n° 737 du 25 novembre 1850 (règlement de la procédure civile et commerciale, art. 48), avec quelques modifications sur la présentation et le jugement de ces recours.

Loi règlementaire des élections. — Cette loi n° 35 du 26 janvier, établit le mode de qualification des citoyens brésiliens qui peuvent exercer le droit de vote dans les élections des membres du congrès, du Président et du vice-président de la République, droit conféré aux majeurs de 21 ans sachant lire et écrire et étant en pleine jouissance de tous leurs droits civils. Le système électoral y est détaillé : les élections des députés ont ordinairement lieu le 30 octobre de la dernière année de la législature moyennant suffrage direct par scrutin de liste incomplète dans des districts de 3 à 5 éligibles. Les sénateurs sont élus dans les Etats à la même époque que les députés, chaque électeur donnant sa voix à un seul candidat. S'il y en a plus d'un à élire, l'élection aura lieu en même temps mais on votera séparément pour le choix de chaque sénateur

L'élection du Président et du vice-président a lieu ordinairement le 1er mars de la dernière année de la période présidentielle, et chaque électeur présentera en même temps deux bulletins, un pour le Président et l'autre pour le vice-président. Cette loi contient beaucoup de dispositions, et une analyse détaillée dépasserait le cadre de cette notice.

Administration municipale. — La loi n° 85 du 20 novembre organise le district fédéral en lui donnant pour siège la ville de Rio de Janeiro avec la même circonscription que l'ancien *Municipe Neutre*. L'administration municipale y est confiée à un préfet nommé pour 4 années par le Président de la République, avec l'approbation du Sénat fédéral, et à un Conseil muni de fonctions législatives, élu par les électeurs du district et renouvelé tous les trois ans. Il appartient au Conseil d'organiser le budget des recettes et des dépenses, de fixer les impôts pour le service municipal, de donner des ordonnances (*posturas*), etc. Le préfet a la mission de faire exécuter par des agents de confiance les délibérations du Conseil. Il y a un magistrat spécial pour le jugement des infractions, et le décret n° 1198 du 31 décembre contient des règlements pour les procureurs qui sont chargés d'agir en justice au nom de la municipalité.

INSTRUCTION PUBLIQUE.

Le décret n° 1159 du 3 décembre contient un code commun de règlements pour les institutions d'enseignement supérieur qui dépendent du ministère de la Justice et des Affaires intérieures : Ce sont les deux facultés de droit de Pernambuco et de S. Paulo, les deux écoles de médecine et de pharmacie de Rio de Janeiro et de Bahia, l'Ecole polytechnique à Rio de Janeiro et l'Ecole des mines d'Ouro Preto. Ce long code comprenant 320 articles réglemente spécialement le mode de promotion dans les facultés : les directeurs sont nommés librement par le gouvernement, les professeurs titulaires sont choisis parmi les plus anciens substituts, cette dernière charge est obtenue au concours. Les attributions du corps professoral, les examens, le régime disciplinaire, etc., y sont minutieusement réglementés.

Le Pedagogium. — C'est un institut destiné à contribuer au développement de l'éducation nationale au moyen d'une exposition permanente, d'un musée pédagogique, de conférences et de cours scientifiques, de bureaux et de laboratoires pour l'enseignement pratique des sciences physiques et naturelles, de concours pour les livres et le matériel des écoles publiques d'instruction primaire, d'expositions annuelles, de l'institution d'une classe typique de dessin, d'ateliers des arts et métiers et de la publication d'une *Revue pédagogique.* L'organisation de cet institut et sa réglementation intérieure font l'objet du décret n° 1178 du 23 décembre.

Le Musée national. — Cet important établissement a été aussi réorganisé par le décret n° 1179 du 26 décembre.

Le Gymnase national. — L'ancien internat du *Collège D. Pedro II* destiné à l'instruction secondaire reçoit le nom de *Gymnase* et un nouveau règlement lui est donné par le décret n° 1194 du 28 décembre.

Bibliothèque nationale. — Un nouveau règlement réorganise les services de ce riche établissement (décret n° 1195 du même mois).

Institut national de musique. — Il a été également réglementé de nouveau par le décret n° 1197 du même mois.

Santé publique. — Le bureau (*directoria*) sanitaire de Rio de Janeiro, dont relèvent le service de la statistique démographo-sanitaire, de l'exercice de la médecine et de la pharmacie, et l'exécution de mesures hygiéniques contre l'invasion et la propagation des maladies contagieuses dans la capitale fédérale, est organisé par le décret n° 1172 du 17 décembre.

AFFAIRES ÉTRANGÈRES.

Classement des légations. — La loi n° 126 B du 21 novembre (budget) divise les légations en trois classes d'après les dépenses qu'elles occasionnent au Trésor et indépendamment du rang des ministres qui en sont titulaires. Les légations des Etats-Unis, Chili, République-Argentine, Uruguay, Angleterre, France, Allemagne, Italie et Saint-Siège appartiennent à la première classe et leurs ministres auront 24 contos chacun; celles du Mexique, Paraguay, Portugal, Russie, Autriche et Espagne entrent dans la deuxième catégorie, leurs ministres ayant 20 contos chacun; celles du Pérou, Bolivie, Vénézuela, Suisse et Belgique sont dans la troisième avec 15 contos pour chaque ministre.

Consulats. — La même loi crée un consulat à Vigo et transfère à Odessa celui de Saint-Pétersbourg; par les décrets n° 812 du 7 mai et n° 817 du 17 du même mois, des consulats ont été créés à Mozambique et à Macao.

Représentation diplomatique. — Le gouvernement prit la résolution d'ajourner l'exécution de la loi qui avait supprimé quelques légations en considérant que la représentation de la République à l'extérieur était une nécessité du moment.

Traités et conventions. — Le Congrès approuva par la loi n° 48 A du 7 juin le traité sur l'arbitrage célébré à Washington le 28 avril 1890 entre le Brésil et les républiques des Etats-Unis, Bolivie, Équateur, Guatémala, Haïti, Nicaragua et S. Salvador, et par la loi n° 67 A du 28 juillet les arrangements arrêtés dans la convention postale de Vienne du 4 juillet 1891, entre le Brésil et plusieurs autres nations. Par la loi n° 97 du 5 octobre le gouvernement fut autorisé à faire exécuter le traité conclu avec la Chine le 5 septembre 1890 pour l'introduction d'immigrants appartenant à cette nationalité, à célébrer un traité de commerce avec le Japon et à établir des agents diplomatiques ou consulaires dans ces deux pays.

ARMÉE ET MARINE.

Le contingent des armées de terre et de mer pour cette année, 1892, fut fixé par les lois n° 39 A du 30 janvier et n° 40 du 2 février : pour l'armée, 24,877 hommes sur le pied de guerre, ce nombre pouvant être porté au double ou même plus dans des circonstances extraordinaires, et pour la marine 4,012 du corps des marins nationaux, 900 du bataillon naval et 3,000 matelots-élèves, ces corps pouvant en cas de guerre recevoir les augmentations jugées nécessaires.

Pour l'année 1893, le contingent des forces de terre fut celui fixé par la loi n° 80 du 27 août et celui de la marine par la loi n° 87 du 20 septembre, dans des conditions à peu près semblables à celles précédemment fixées. Cette fois-ci les deux lois déterminèrent le nombre des soldats que chacun des Etats devait fournir pour remplir les cadres de ces forces. Le corps des ingénieurs navals composé de tous les officiers effectivement employés dans les travaux de construction navale, machines à vapeur, artillerie et pyrotechnie, torpilles, électricité et hydraulique reçut un nouveau règlement mis à exécution par le décret n° 105 en date du 13 octobre.

D'autre part, le ministère de la guerre prépara un nouveau règlement pour *le Collège militaire* inauguré le 6 mai 1889 dans le but de faire élever et instruire *gratis* les fils et les petit-fils des officiers de terre et de mer en activité ou en retraite, les fils des officiers honoraires par des services de guerre, des professeurs civils du même collège ou des écoles militaires, et des soldats morts en combat, et moyennant *contribution pécuniaire* d'autres enfants.

Ce minutieux règlement fut approuvé par le décret n° 750 du 2 mars.

INDUSTRIE. — VOIRIE. — TRAVAUX PUBLICS.

Réorganisation de ce ministère. —Le gouvernement, dans le but d'améliorer les services de ce ministère, expédia le décret réglementaire n° 1142 en date du 22 novembre. Le Secrétariat fut divisé en quatre bureaux : comptabilité, industrie, voirie, travaux publics, comprenant chacun deux sections. Toutes les affaires à la charge du ministère sont expédiées par la voie de ces bureaux dont relèvent par conséquent plusieurs branches très importantes de l'administration de l'État, tels que les instituts agricoles et industriels, les patentes d'invention, les postes et télégraphes, l'immigration étrangère et les colonies, les chemins de fer, la navigation maritime et fluviale, tous les travaux publics, ainsi que les constructions de canaux, quais, docks, l'établissement et l'entretien des ports, les poids et mesures, les sociétés anonymes et les banques de crédit réel et d'autres ayant pour but de protéger les diverses branches de l'industrie ; l'inspection, la surveillance et le contrôle des travaux et contrats dans le pays et à l'étranger, etc. Le service d'inspection générale des chemins de fer fut réglementé par le décret n° 1164 du 9 décembre.

Compétence pour la concession de chemins de fer et de navigation fluviale. — La loi n° 109 du 14 octobre fixe les cas où cette compétence est du ressort du pouvoir fédéral ou des Etats.

Il appartient au premier de décider sur l'établissement de toutes les voies de communication terrestres ou fluviales, suivant le plan général de voies publiques que le Congrès adoptera, et, lorsqu'il s'agira de voies d'utilité générale reconnues comme telles, par décret législatif, afin de pourvoir à des besoins d'ordre stratégique, politique ou administratif. Les Etats ont à décider dans tous les autres cas, y compris celui d'une voie intéressant deux ou plus d'entre eux.

Concessions avec garanties d'intérêts. — La loi du budget, art. 6, II interdit tous les contrats avec garantie d'intérêts ou subvention sans autorisation spéciale du Congrès, défendit au gouvernement de renouveler les concessions de cette nature arrivées à leur terme et déclara d'avance nulles et non avenues toutes celles dont les bénéficiaires n'auront pas rempli leurs obligations dans les délais fixés par la loi.

1893.

Depuis le coup d'Etat du 3 novembre 1891, Rio Grande do Sul était devenue le théâtre de luttes politiques empreintes de la plus grande violence et qui occasionnèrent des troubles très graves et des conflits sanglants. Le président Castilhos avait adhéré à l'acte inconstitutionnel du maréchal Deodoro da Fonseca et quand vint la réaction, le parti *fédéraliste* dont M. Gaspar Martins est le chef, en profita pour le renverser.

Cependant, quelques mois après, les *castilhistas* étaient de nouveau au pouvoir, grâce à l'intervention directe du maréchal Peixoto, et alors, ils sévirent contre leurs adversaires d'une façon tellement oppressive que les chefs *fédéralistes* se virent obligés de chercher refuge dans les républiques voisines.

Ces événements préoccupaient l'opinion publique à Rio de Janeiro et la presse les discutait en vue de trouver un moyen d'apaisement.

Rio Grande do Sul avait deux constitutions : une, produit de la révolution *anti-castilhiste* de 1891, promulguée le 29 mars 1892, par M. Barros Cassal, vice-président, et l'autre, de M. Castilhos, datant du 14 juillet 1891 et rétablie par la contre-révolution du 17 juin 1892. Cette constitution, qui n'existait que grâce à l'intervention armée du maréchal Peixoto, était-elle légale ? Etait-ce bien le cas pour le pouvoir exécutif d'intervenir ainsi que le veut la Constitution en l'absence du Congrès, vu l'article 2 des dispositions transitoires de la Constitution fédérale ? Cet article dit : « L'Etat qui, à la fin de 1892, n'aura pas décrété sa Constitution, sera soumis par un acte du Congrès à la Constitution d'un des autres Etats qui se prêtera le mieux à cette adaptation, jusqu'à ce que l'Etat soumis à ce régime porte remède à cette situation par le procédé qui y est déterminé. » Mais, tandis qu'on discutait dans la capitale de la République, les *fédéralistes* sous la conduite du général Tavares se présentaient à la frontière armés et prêts pour la lutte, et, en effet, quelques engagements eurent lieu entre leurs troupes et celles de M. Castilhos, qui recevait en même temps des renforts d'hommes et de munitions envoyés par le gouvernement fédéral.

Au même moment où se produisaient les événements de Rio Grande do Sul, une grande agitation politique régnait dans plusieurs Etats où les effets de la réaction étaient encore loin de se calmer et où les partis en venaient même parfois aux mains.

Aux approches de la réunion du Congrès on avait soulevé la question de la revision de la Constitution, dans le but d'y introduire le principe de la rééligibilité présidentielle, que les amis du général Peixoto proclamaient dans des réunions populaires organisées en vue de protester contre l'invasion de Rio Grande et de préparer un mouvement en faveur du maréchal. Le peuple restait, en général, indifférent à ces menées politiques et il ne dissimulait pas la lassitude que lui faisaient éprouver tous ces agissements qui avaient jeté partout le désordre et qui avaient déchaîné la guerre civile à Rio Grande do Sul.

Le maréchal Peixoto eut l'idée d'envoyer dans cet Etat le ministre de la guerre. Celui-ci partit, le 12 avril, emmenant encore avec lui des soldats et des armes. Les instructions qu'il reçut restèrent secrètes, mais on croyait qu'elles étaient en faveur de la paix et d'un désarmement complet qui répondaient aux désirs conciliateurs de tous ceux qu'inquiétaient la persistance et le développement du mouvement révolutionnaire. Cette mission cependant, amena des résultats tout à fait opposés : le ministre de la guerre, aussitôt arrivé, prit fait et cause pour M. Castilhos, et activa les opérations de cette campagne fratricide. Alors, c'est-à-dire vers la fin d'avril, l'amiral Custodio de Mello, ministre de la Marine et M. Serzedello, ministre des Finances, présentèrent leurs démissions dont ils expliquèrent le motif en des lettres adressées au Président de la République.

L'amiral déclara que c'était la mission confiée au ministre de la guerre en vue d'appuyer Castilhos, malgré l'engagement réitéré qu'avait pris le maréchal Peixoto de tenter le rétablissement de la paix, qui l'avait déterminé à abandonner son portefeuille. M. Serzedello allégua, outre la question de Rio Grande, le fait que le Président, dans l'intention d'ordonner des dépenses illégales et non contrôlées, prétendait restreindre les attributions du tribunal des Comptes par des décrets qu'il avait envoyés, tout faits, pour être contresignés, mais qui lui revinrent sans que cette formalité eût été remplie.

C'est sous le coup de cette crise partielle que le Congrès inaugura, à la date constitutionnelle, les travaux législatifs. Dans son message le Président de la République mentionnait les affaires administratives, recommandait l'adoption de certaines lois, rappelait la nécessité de donner une solution à quelques projets en suspens, etc. Quant à Rio Grande do Sul il disait « que le territoire brésilien avait été envahi dans cet État, et que le gouvernement fédéral, conformément à l'article 6 de la Constitution, avait donné au président du même État tout l'appui que celui-ci avait demandé, son ardent désir étant de voir la paix et la concorde renaître parmi les habitants de cette partie de la République ». Cette question émut le Congrès dès les premiers jours. Le 20 mai, la Chambre des députés, par 62 voix contre 56, approuva la motion présentée par M. Demetrio Ribeiro, chef du groupe des députés de Rio Grande do Sul contraires à M. Castilhos, déclarant que la Chambre voyait avec regret la continuation de la guerre civile. Des projets en faveur de l'intervention nationale furent présentés presque simultanément dans les deux Chambres mais la majorité les mit de côté, sous prétexte qu'ils étaient inconstitutionnels. Cependant l'opposition poursuivait sans relâche les accusations contre la dictature déguisée du pouvoir exécutif, les dépenses illégales et les dissipations de toutes sortes, les crédits extraordinaires qui atteignaient des sommes énormes, les émissions de papier-monnaie, les sacrifices d'hommes et d'argent imposés à la nation pour une guerre, ouverte et maintenue par un caprice du chef de ce pouvoir, etc. Une proposition de mise en accusation contre celui-ci fut même présentée, mais, il est inutile de le dire, elle fut repoussée à une grande majorité. Le Sénat fut appelé à délibérer sur la nomination de M. Victorino Monteiro, ami intime de M. Castilhos, comme ministre du Brésil à Montevideo, et, malgré la vive opposition de la minorité, la nomination fut approuvée.

Cependant l'amiral Wandenkolk, ayant abandonné ses devoirs de sénateur, se trouvait à l'Uruguay, mais, monté sur un vapeur de commerce armé en guerre, il arriva le 12 juillet au port de Rio Grande do Sul dans le but de s'emparer de cette ville. Ce plan ayant échoué par suite de la résistance qui lui fut opposée, l'amiral vira de bord et se rendit prisonnier au commandant du croiseur *Republica* qui l'amena à Rio de Janeiro, où il fut détenu à la forteresse de *Santa-Cruz* en attendant de passer en conseil de guerre. Cet incident n'est au fond qu'un véritable coup de tête de l'amiral Wandenkolk; toutefois comme il se rattache à la révolution de Rio Grande nous ne croyons pas inutile de le mentionner ici.

La session ordinaire du Congrès se rapprochait de la date fixée par la Constitution pour la clôture et ses travaux n'étaient guère avancés; le budget n'était pas voté, la réforme des banques n'était pas terminée, on s'était laissé aller à des discussions à perte de vue qui n'aboutissaient à rien. Une prorogation s'imposa et le Congrès en fixa la durée jusqu'au 17 septembre.

La guerre civile à Rio Grande do Sul s'était étendue sur toute la frontière et les rencontres, quoique fréquentes et souvent sanglantes, n'amenaient aucun résultat décisif. Les propositions de paix adressées par l'entremise de quelques personnages influents ne réussirent pas, les *fédéralistes* exigeant comme condition de leur désarmement la déchéance du président Castilhos et celui-ci s'obstinant à retenir le pouvoir dont la possession lui était assurée par les baïonnettes et par l'argent de l'Union.

Vers la fin d'août, le Congrès avait envoyé au Président de la République, pour être sanctionnée par lui, une loi réglementaire de l'élection présidentielle dont l'article 5 déterminait que « le vice-président qui aurait remplacé le président, à défaut de celui-ci, est inéligible aux fonctions de président ou de vice-président de la République ». Le maréchal refusa la sanction et justifia son acte en disant : « L'élasticité de cette disposition, qui s'étend à tous les cas qui peuvent se présenter, la rend applicable non seulement à un vice-président qui, ayant remplacé

le président, aurait renoncé à cette fonction avant la dernière année de
la période présidentielle, mais même à un vice-président qui ayant, au
début de la période présidentielle, occupé la présidence, ne fût-ce qu'un
seul jour, aurait aussitôt résigné cette fonction. Cette incompatibilité
n'est point prévue par la Constitution, laquelle s'est limitée aux cas
précisés dans son article 43, en ce qui concerne le président, et dans
le § 1er du même article en ce qui touche le vice-président. De plus, il
y a lieu d'observer que ce dernier paragraphe n'établit pas expressément
pour la réélection aux fonctions de vice-président l'incompatibilité
consignée dans l'art. 5 du décret du Congrès. En supposant même que
l'on puisse formuler une interprétation différente de celle qui découle
du texte même du § 1er de l'article 43 de la Constitution, il s'agit, en
l'espèce, d'une question affectant l'investiture des pouvoirs publics et,
par conséquent, d'une question de droit constitutionnel strict. Le texte
en question ne peut donc être ni amplifié ni altéré par une loi ordinaire
et une interprétation qui entraînerait cette altération du texte ne serait
admissible que dans la forme indiquée par l'article 20 de la Constitution. Enfin, il y a lieu de noter que les dispositions de l'art. 5 du décret
du Congrès outrepassent manifestement les attributions conférées à
celui-ci par l'art. 47 § 3 de la Constitution, dans lequel il est bien spé-
cifié que le Congrès n'aura à déterminer que la procédure électorale et
le scrutin, mais, en aucune façon, les cas d'inéligibilité. » (Extrait du
journal le *Brésil*).

Cette loi votée par une majorité non seulement docile mais entière
ment soumise au maréchal Peixoto, et ce refus de sanction excitèrent
des appréhensions dans l'esprit public. On pressentait là-dessous un
plan politique : faute de règlement, l'élection présidentielle n'aurait
pas lieu à l'époque fixée par la Constitution et alors, sous prétexte de
force majeure, une nouvelle dictature serait proclamée.

Plusieurs officiers de la marine, peut-être les plus distingués, ja-
loux de leurs prérogatives, ne voyaient pas sans quelque inquiétude
certains actes du maréchal Peixoto qui révélaient sinon un plan arrêté,
tout au moins le désir d'anéantir leur influence, par exemple la dis-
persion des meilleurs navires de la flotte, le manque d'appui à la can-
didature d'un amiral à la présidence de la République, l'intervention
directe dans les affaires de Rio Grande dans un sens contraire aux
vœux de la marine, etc. La vérité est que ces officiers se préparaient
à prendre leur revanche. Si quelques-uns hésitaient devant la responsa

bilité des conséquences d'une nouvelle révolution, d'autres, moins patients, résolurent de profiter d'une situation embrouillée sous tous les rapports et la révolte ne tarda pas à éclater avec le concours de quelques membres du Congrès et de divers citoyens.

Le 7 septembre, l'escadre, alors stationnée dans le port de Rio de Janeiro, hissa le pavillon blanc de la révolte et l'amiral Custodio de Mello, qui avait pris le commandement, somma le maréchal Peixoto de se démettre des fonctions de vice-président, tandis que les navires exécutaient les manœuvres nécessaires pour s'emparer de la baie. De son côté le gouvernement mit sur pied les troupes dont il pouvait disposer, occupa militairement plusieurs points de la ville de manière à repousser toutes tentatives de descente de la part des révoltés et saisit les bureaux télégraphiques.

Le Congrès, qui s'était réuni à l'heure habituelle, reçut communication officielle de la révolte et, après échange de vues et de démarches entre les deux Chambres et le vice-président Peixoto, vota une loi décrétant l'état de siège à Rio et à Nictheroy pour une durée de dix jours avec faculté pour le Pouvoir exécutif, pendant cette période, de l'étendre à tout point de la République où il serait reconnu nécessaire.

L'amiral Mello, qui n'avait obtenu le concours ni des forteresses de l'entrée du port ni du gouverneur de l'État de Rio, se borna à faire quelques tentatives de débarquement accompagnées de canonnades contre les fortifications de terre qui répondaient par des fusillades et c'est par hasard que quelques obus tombèrent dans la ville.

Cependant une grave question se posait, celle du bombardement de la ville tout à fait à la merci des canons de la flotte. Dès le début de la révolte, le vice-président de la République sollicita l'intervention des représentants des puissances étrangères qui avaient alors des vaisseaux de guerre à Rio de Janeiro; mais ils se refusèrent à intervenir et les commandants de ces vaisseaux, réunis à bord du croiseur français l'*Aréthuse*, décidèrent entre eux que si l'amiral Mello prétendait bombarder la ville, on lui demanderait à renoncer à cette idée et, en cas de refus de sa part, on exigerait un délai pour délibérer. Le fait est que diplomates et commandants attendaient des instructions de leurs gouvernements déjà prévenus de la situation à Rio et que le vice-président Peixoto avait demandé d'intervenir.

L'Angleterre, dont les intérêts commerciaux à Rio de Janeiro sont très importants, prit l'initiative de proposer aux nations également intéressées d'employer la force, le cas échéant, afin d'empêcher la destruction de la ville et elle obtint l'appui de la France, de l'Italie, du Portugal et des Etats-Unis de l'Amérique du Nord, le gouvernement allemand ayant résolu de rester neutre.

Le 1er octobre, les commandants des vaisseaux de guerre de ces nations firent part à l'amiral Mello de la décision des puissances. Celui-ci répondit qu'il ne bombarderait pas la capitale de son pays pour des raisons d'humanité; mais qu'en sa qualité de commandant des forces révolutionnaires,il avait le droit de le faire aussitôt que le gouvernement aurait converti la ville en place de guerre en établissant des batteries sur les hauteurs intérieures et en tirant de là contre les navires.

Les diplomates et les commandants, reconnaissant sans doute la correction de cette réponse, exigèrent et, après des démarches auprès du président, voire même de la menace de retirer leur intimation à Mello, obtinrent que le maréchal Peixoto s'engageât à désarmer la ville. En conséquence, les deux adversaires se trouvèrent incapables d'ouvrir les hostilités d'une façon sérieuse et l'on assistait au spectacle bien curieux de l'escadre insurgée bloquant Rio tout en étant elle-même bloquée dans le port sans autre issue que l'entrée de la baie barrée par le feu croisé des forteresses. Cependant la position des deux chefs, par rapport au but que chacun visait, était bien différente.

Le maréchal Peixoto, sans se préoccuper ni du bombardement de la ville grâce à l'intervention étrangère, ni d'une attaque par terre vu l'insuffisance des forces révoltées, restait bien à l'aise pour organiser les moyens d'écraser partout la révolution, tandis que l'amiral Mello perdait le meilleur de son temps à bombarder sans résultat la malheureuse Nictheroy et les forteresses de l'entrée du port qui étaient chaque jour mieux en état de résister au feu des navires révoltés et d'embarrasser leurs mouvements.

La majorité du Congrès, qui demeurait fidèle au vice-président de la République, approuva la réforme des banques et, tant bien que mal, vota le budget de 1894 en prolongeant la session à nouveau jusqu'au 25 septembre. La discussion spéciale de la loi électorale non sanctionnée par le maréchal Peixoto eut lieu aux approches de la clôture du Congrès et, à cette occasion, on entendit l'opinion du *leader* de la majorité dans la Chambre des députés, M. Glycerio qui prétendait que le *veto* n'empêcherait pas l'élection présidentielle d'avoir lieu à l'époque constitutionnelle, c'est à-dire le 1er mars 1894, conformément à la loi du 22 janvier dernier qui avait déjà réglementé cette élection. La discussion fut close et, au bon moment du vote on constata qu'il n'y avait pas le *quorum* légal faute d'un nombre suffisant de membres de la majorité qui ne se réunirent plus malgré les protestations les plus bruyantes de la minorité.

Le vice-président de la République envoya avec son *veto* la loi réglementaire du Tribunal des comptes sous prétexte qu'elle était inconstitutionnelle, le contrôle attribué à celui-ci sur les dépenses publiques entravant et limitant l'action légale du Pouvoir exécutif.

Après la clôture du Congrès le maréchal Peixoto affirma encore davantage son gouvernement dictatorial par des actes d'une rigueur exceptionnelle. L'état de siège fut successivement étendu de la capitale fédérale et de Nictheroy aux Etats de Rio de Janeiro, de S. Paulo, de Paraná, de Santa Catharina, de Rio Grande do Sul et plus tard à celui de Pernambuco. Les arrestations arbitraires, l'entassement des prisonniers dans les cachots des pénitenciers et des forteresses, les exécutions sommaires même se multipliaient contre les suspects; d'autre part les faveurs, les largesses de toute sorte et spécialement de l'argent du trésor public étaient prodiguées aux *défenseurs de la légalité*; la liberté de la presse qui ne soutenait pas le gouvernement fut abolie; les corps de milice civile organisés à la hâte par l'intimidation ou par l'entraînement du moment, eurent, malgré leur caractère éphémère dans une lutte intestine, les mêmes honneurs et les mêmes avantages que l'armée permanente; le recrutement forcé ne respectait plus ni l'âge, ni l'état civil ni même la nationalité; l'exil, autorisé par la Constitution dans le cas de suspension de garanties en vertu de l'état de siège comme mesure extrême fut aboli et *il n'y eut plus* d'individus qualifiés dangereux; enfin par un décret signé du vice-président de la République et contresigné par tous les ministres, les vaisseaux de guerre de la marine nationale faisant partie de la révolte furent déclarés déchus de leur catégorie et réputés pirates..... Les élections des membres du Congrès furent ajournées.

Cependant la révolution se propageait et les forces *fédéralistes* du Rio Grande do Sul envahissaient les Etats de Santa Catharina et de Paraná; l'amiral Mello quittait le port de Rio de Janeiro sur le cuirassé *Aquidaban*, installait un gouvernement provisoire dans la ville de Desterro et le contre-amiral Saldanha da Gama, jusqu'alors neutre, assumait le commandement des forces de la révolte dans la baie de Rio.

Cet officier supérieur de la marine brésilienne était très estimé et jouissait d'un grand prestige dans la flotte. Il était commandant de l'Ecole navale installée dans une île avoisinant l'Arsenal de la Marine et au centre même du mouillage des embarcations mercantiles. Depuis le commencement de la révolte il s'était rigoureusement abstenu de prendre la moindre part aux hostilités contre le gouvernement, ce qui ne l'empêchait pas de recueillir et de soigner les blessés dans les engagements presque quotidiens entre les forces de terre et de mer, sans distinction d'origine et de parti.

Cette attitude n'irritait pas moins le maréchal Peixoto que si Saldanha da Gama eût adhéré à la révolte, et en conséquence celui-ci voyait sans cesse des mesures administratives prises contre l'établissement placé sous sa direction de sorte qu'à bout de patience il fit cause commune avec ses collègues révoltés, et accepta le poste difficile où le laissait l'amiral Mello, après trois mois d'insuccès, avec quelques navires mal armés et plusieurs centaines d'hommes exténués de fatigue et épuisés par des maladies conséquentes des grandes chaleurs à Rio de Janeiro.

Le maréchal Peixoto était au courant de tout; il comptait sur l'appui des vaisseaux étrangers et en particulier sur celui de l'escadre de guerre américaine alors augmentée de plusieurs cuirassés; il attendait aussi les navires qu'il avait commandés pour organiser une escadre à lui, et bien loin de s'inquiéter de la dernière phase dans laquelle la révolte était entrée, il en profita pour lui attribuer le caractère de restauration monarchique et relever l'enthousiasme des républicains qui commençait à se refroidir tout en sévissant encore plus brutalement contre les victimes de sa politique de terreur. Par décret du 10 décembre il déclara son illustre adversaire déserteur et traître à la patrie. L'Ecole navale fut dissoute.

La presse du gouvernement publia et répandit partout le manifeste de l'amiral Saldanha da Gama avec des commentaires tendant à démontrer que la révolte avait pour but de restaurer la monarchie et le maréchal Peixoto fit faire la même déclaration au ministre des Etats-Unis.

C'était une imputation que détruisait le manifeste même ainsi que le fait de la réunion des chefs républicains de Rio Grande do Sul, de l'amiral Mello et de Saldanha da Gama, dans la pensée commune de combattre la dictature militaire concentrée entre les mains du maréchal Peixoto et de rendre à la nation la liberté de se prononcer sur la forme de gouvernement qu'elle voudrait choisir sans subir la pression de la force armée.

Malgré les difficultés qui augmentaient chaque jour, le contre-amiral Saldanha da Gama continua vigoureusement les opérations dans la baie et les forces de la révolte occupaient, à la fin de l'année, la forteresse de *Villegaignon*, les îles *das Cobras*, *Fiscal* et plusieurs autres.

FINANCES.

Budget. — Les lois n° 191 A et n° 191 B du 30 septembre ont fixé les recettes et les dépenses fédérales pour l'année 1894. Les recettes ont été estimées en chiffres ronds à 233,521 contos de reis et les dépenses ont été fixées à 230,457 contos. Le déficit sera couvert par la réduction des dépenses votées et que le gouvernement pourrait diminuer ou même supprimer, et par des opérations de crédit qu'il est autorisé à réaliser jusqu'à concurrence de £ 3,000,000. Les droits d'importation sont établis conformément à la loi n° 25 du 30 décembre 1891 et encore augmentés : ceux des allumettes du triple, ceux du tabac et du gros sel, du double, etc. Plusieurs articles sont ajoutés au nombre de ceux qui payaient un tarif de 3 0/0 additionnels.

Les bêtes à cornes et à laine, les cochons destinés à la consommation, le blé en grain et toutes les semences pour l'agriculture auront libre entrée. Le papier d'impression et les livres brochés ou reliés sont déchargés des taxes additionnelles sur les droits d'importation. Dans les recettes de l'intérieur la loi établit la taxe de 0 fr. 10 sur chaque mot des télégrammes expédiés par les câbles de la *Brasilian Submarine Telegraph Company;* exempte de l'impôt de timbre les dividendes des banques, des compagnies et des sociétés anonymes qui auraient leur siège dans les États, et de l'impôt de transport le bétail né dans le pays; déclare inclus dans l'impôt de 2 0/0 sur les appointements, les appointements du Président et du vice-président de la République et des membres du Congrès, et dans celui de transmission de propriété dans le district fédéral la transmission d'*apolices* de la dette nationale dans tous les États. La contribution de la municipalité de Rio de Janeiro pour le service des égouts, de l'éclairage de la ville selon les contrats conclus avec le gouvernement, commença à figurer parmi les recettes extraordinaires. Par un article spécial, la loi déclare exempts de tout impôt les machines et les appareils introduits directement par les agriculteurs ou par des entreprises dans le but de perfectionner la fabrication du sucre et la construction ou l'amélioration des usines centrales. Les articles que l'industrie nationale pourra fabriquer et fournir en quantité suffisante aux besoins des marchés de la République ne doivent pas bénéficier de la même exemption.

Tous les frais de justice et de police qui étaient du ressort de la municipalité et ceux du corps de pompiers du district fédéral passeraient à la charge des recettes de l'Union.

Le gouvernement est autorisé à reviser et à réglementer beaucoup de services, ainsi qu'à faire l'émission de billets du Trésor jusqu'à la somme de 16.000 contos comme anticipation sur les recettes votées.

Les dépenses furent distribuées entre les divers ministères de la manière suivante :

Justice et affaires intérieures	14.473	contos
Affaires extérieures	1.815	»
Marine	17.846	»
Guerre	29.959	»
Industrie, voirie et travaux publics	100.716	»
Finances	85.645	»

Plusieurs dispositions du budget de 1893 doivent rester en vigueur tant pour les recettes que pour les dépenses. Des crédits sont alloués : à la différence du change, 20.124 contos; à l'amortissement et intérêts de la dette extérieure, or, 13.387 contos; *idem* de la dette intérieure consolidée, papier, 18.111 contos; *idem* des emprunts nationaux de 1868, 1879 et 1889, or, 9.038 contos, etc.

Réforme des banques. — La loi n° 183 C, du 23 septembre, approuve avec des modifications le décret du pouvoir exécutif n° 1167 du 17 décembre 1892, et en conséquence la fusion des deux banques y mentionnées sous le nom de *Banco da Republica do Brazil* devient définitive. Le délai pour la réduction du capital de la nouvelle banque passe de six mois à une année. Le gouvernement est autorisé à régler à l'amiable l'indemnité due aux autres banques pour le transfert de leurs émissions et de leurs dépôts, question qui avait été écartée dans le décret du pouvoir exécutif. Cette indemnité sera prise sur le compte des valeurs destinées à la constitution du fond de garantie de la nouvelle banque, et les différences en faveur des autres devront être reportées au compte de leur débit envers le Trésor.

L'indemnité aura comme base les intérêts des *apolices* déposées, ou ceux des nouvelles *apolices* qui remplaceront l'encaisse métallique pendant la durée de leurs privilèges. Les intérêts de ces nouvelles *apolices* seront de 4 0/0 au lieu de 2 1/2. La loi établit que le tiers de l'émission des bons au porteur sera affecté aux entreprises de la capitale fédérale, et les deux tiers à celles des États, qu'elles aient ou non leurs sièges dans la capitale. Les intérêts de ces bons seront payés tous les trois mois. Cette émission a été réglementée par le décret n° 1308 du 8 mars. L'article 7 du décret sur le rachat des billets en circulation est abrogé. En dehors de ces modifications, la loi contient les dispositions suivantes :

1° Toute la monnaie frappée par le gouvernement sera appliquée au rachat d'une somme équivalente de papier-monnaie.

2° Aucune banque de dépôts et d'escomptes ne pourra fonctionner avant la réalisation d'au moins 50 0/0 du capital.

Les statuts de la nouvelle banque furent approuvés par le décret n° 1253 du 31 janvier.

Titres au porteur. — La loi n° 149 B, du 20 juillet, établit les formalités nécessaires pour le remplacement des titres de cette espèce et les moyens d'empêcher le payement des intérêts respectifs dans le cas où le propriétaire en serait dépossédé par une cause involontaire ou contraire à la loi.

Émission d'obligations au porteur. — La loi n° 177 A, du 15 septembre, réglementa l'émission des emprunts moyennant des obligations au porteur (*debentures*) par des sociétés anonymes, et en même temps elle défendit, sous peine de prison et d'amende, l'émission, non autorisée par une loi spéciale, de billets ou de titres de toute nature renfermant une promesse de payement en argent au porteur ou à une personne dont le nom ne serait pas désigné par écrit.

Conversion du dépôt des banques. — Par le décret n° 1553 du 30 septembre le gouvernement fait inscrire dans le livre de la dette nationale intérieure un emprunt équivalent à la valeur des *apolices* et de l'encaisse métallique déposés au Trésor par les banques d'émission. Selon le bilan de la banque du Brésil au mois de novembre, ces *apolices* au pair représentaient 53.500 contos, et l'or au change pair 74.514 contos. Ce qui faisait environ 150.000 contos, papier.

Courtiers de fonds publics. — Le décret n° 1359 du 20 avril réglementa les fonctions des courtiers de fonds publics et les opérations de bourse. Le décret déclare que les courtiers sont des employés publics nommés par le Président de la République moyennant proposition de la Chambre syndicale et caution de 50 contos en dehors des 20 contos déposés dans la caisse créée pour garantir leur responsabilité entre eux-mêmes. Il y a quarante courtiers qui chaque année élisent une Chambre syndicale composée d'un syndic et de cinq membres qui représentera la corporation et surveillera les courtiers et leurs opérations. La *Bourse* est la place réservée aux transactions de vente et d'achat des titres publics, des actions des banques et des compagnies, des valeurs commerciales et des métaux précieux. Chaque jour, à la fin des opérations, les courtiers et la Chambre syndicale se réuniront et fixeront le cours du change et de la cote des fonds et des valeurs négociées. La Chambre devient responsable de l'exactitude des prix cotés. Le réglement contient dans ses 156 articles plusieurs dispositions relatives aux services qui en font l'objet.

JUSTICE ET AFFAIRES INTÉRIEURES

Associations civiles et religieuses. — La Constitution de la République garantit le droit d'association et la loi n° 173 du 10 septembre en organise l'exercice en déclarant que les communautés créées dans un but religieux, moral, scientifique, politique ou même d'agrément, peuvent acquérir la personnalité juridique à la condition de faire inscrire leur contrat social au bureau de l'enregistrement civil du lieu où elles auront leur siège. Le contrat social ou les statuts doivent contenir le nom, le but, le siège de l'association, la forme de son administration et la façon dont s'exercera sa représentation active et passive devant la justice ou dans ses rapports envers un tiers; déclaration affirmative ou négative de la responsabilité des associés pour les actes de l'administration. La loi établit des règles pour l'enregistrement ainsi que pour les droits et les devoirs des administrateurs et des membres des associations : leurs dissolution et liquidation, etc. Les sociétés dépourvues de personnalité juridique, en conformité avec cette loi, resteront sous le régime du droit civil, et celles qui, ayant un but identique à celui de la loi, prendront la forme anonyme, seront soumises à la législation spéciale des sociétés anonymes. (*Voir l'appendice, page* ..).

Voilà tout ce que le Congrès a fait pour la législation civile; voyons quelle a été l'œuvre du pouvoir exécutif.

Administration de la justice civile dans le district fédéral. — Le décret n° 1334, du 28 mars, réglementa la partie relative à la justice civile du décret n° 1030, du 14 novembre 1890, sur l'organisation de la justice dans ce district. L'administration civile incombe : aux préteurs *(pretores)*, au juge des causes municipales *(juiz dos feitos da Fazenda municipal)*, à la Cour civile et criminelle *(tribunal civil e criminal)* et à la Cour d'appel *(Corte de appellação)*. Dans la juridiction de ces juges et tribunaux ne sont pas comprises : 1° les causes auxquelles se rapporte le décret n° 848 du 11 octobre 1890, sauf les dispositions du décret n° 481 de même date, dans les articles 15, paragraphes 1 et 2 (crimes commis en haute mer et autres), 16 (prorogation de juridiction des Etats), 311 (consultation réciproque de la jurisprudence fédérale et des Etats) et 362 (aide réciproque pour l'exécution de sentences et procédures judiciaires et administratives fédérales et des Etats); 2° les causes qui doivent être jugées administrativement par un juge ou par un tribunal en vertu d'une loi fédérale ou municipale. La compétence des consuls ou agents consulaires d'accord avec la législation en vigueur est maintenue. Le jugement arbitral est admis conformément au décret n° 3900 du 26 juin 1867.

Les préteurs sont nommés par le président de la République parmi les citoyens brésiliens bacheliers en droit ayant au moins deux années d'exercice dans la magistrature, dans le ministère public ou au barreau. Outre d'autres attributions, ils instruisent et jugent en première instance les questions d'une valeur au-dessous de 1.000.000 reis (un conto); ils instruisent et jugent en première instance les questions de 1 à 5 contos. Ils instruisent les affaires d'inventaires, de comptes de tutelles et curatelles, d'exécution testamentaire et les liquidations commerciales atteignant une valeur supérieure à 5 contos; mais ils sont incompétents dans les questions de nullité de testament, même au cas où elles surgiraient dans la procédure d'un inventaire. Ils n'ont que l'instruction de certaines causes qui, par leur nature, dépassent le ressort prétorial telles que le divorce à l'amiable, l'émancipation et le supplément d'âge, la subrogation des biens dotaux ou la vente d'immeubles par les femmes mineures avec consentement de leurs maris, etc., etc.

Le tribunal civil et criminel est divisé en trois chambres : criminelle, civile et commerciale. Il se compose d'un président, deux vice-présidents et neuf juges, tous magistrats nommés parmi les citoyens brésiliens bacheliers en droit, qui se sont distingués soit dans la magistrature, soit dans le ministère public ou au barreau pendant au moins six années. Chaque chambre se compose d'un président et de trois juges. Au mois de décembre de chaque année, les douze membres du tribunal, réunis en séance, éliront le président et les deux vice-présidents. Le président élu choisira la chambre qu'il lui conviendra de présider et distribuera la présidence des deux autres entre les vice-présidents et soumettra cet acte à l'approbation de la majorité du tribunal. Le président en a la direction suprême et préside les chambres réunies. La chambre civile est compétente : 1° pour l'instruction et le jugement en première instance des affaires contentieuses d'une valeur supérieure à 5 contos pour lesquelles il n'y aurait pas un juge spécial ou d'une valeur non-estimable telles que celles de divorce, nullités de mariage et de testament, exhérédation, etc. ; 2° pour connaître en deuxième et dernière instance des appels interjetés des sentences des préteurs dans les procès de 1 à 5 contos ; 3° pour connaître des oppositions faites soit à leurs propres sentences en deuxième instance, soit à l'exécution. Des attributions semblables reviennent à la *chambre commerciale* pour les affaires de la juridiction commerciale suivant les lois spéciales. Les sentences définitives et les décisions de fin de non-recevoir, ainsi que d'autres mentionnées dans les règlements, doivent être prononcées par la chambre au complet, et les interlocutoires par le juge particulier du dossier, conformément à la distribution faite par le président respectif. Le président et les deux vice-présidents du tribunal forment un conseil (*conselho*) chargé spécialement de la revision des causes avant leur décision et du jugement des suspicions opposées aux juges du tribunal, au juge des causes de la municipalité, et aux préteurs ; il sert aussi de tribunal d'appel de certaines décisions des préteurs.

Le juge des causes de la municipalité, nommé de la même manière que les juges du tribunal, a la compétence exclusive des causes dans lesquelles la municipalité est portée plaidante soit comme demanderesse, soit comme défenderesse. Son ressort est de deux contos.

Cour d'appel. — Les membres de cette cour sont nommés par le Gouvernement parmi les juges du tribunal civil et criminel, deux tiers à l'ancienneté et un tiers au choix. Elle est composée d'un président, d'un vice-président élus chaque année, et de dix juges partagés en deux chambres : civile et criminelle. Le président choisit la présidence de celle qui lui convient le mieux, et l'autre est présidée par le vice-président.

Il y a encore un *Conseil suprême* formé par le président, le vice-président et le plus ancien des membres de la Cour. *La chambre civile* juge en deuxième et dernière instance toutes les causes d'appel de procès, et en première et dernière instance la reconstitution des dossiers disparus dans la Cour d'appel et les réhabilitations dans les procès pendants. Le *Conseil suprême*, parmi ses diverses attributions, a celle de juger les conflits de juridiction entre les autorités judiciaires du district. Le décret contient beaucoup de dispositions relatives aux cas d'appel, à la procédure, à l'exercice des fonctions des juges, à leur incompatibilité absolue, etc. Nous ferons mention de quelques-unes de ces dispositions concernant les sentences étrangères.

Ces sentences continueront à être exécutées dans les termes du décret n° 6982, du 27 juillet 1878, mais pour la compétence on observera le nouveau décret.

La réciprocité entre le Brésil et une autre nation pour l'exécution des sentences sera établie par le seul fait que la sentence brésilienne sera exécutée dans cette nation nonobstant la différence des formes.

Décrets d'exception. — Sous ce titre, nous voulons désigner les actes du gouvernement, déterminés par la malheureuse situation du Brésil pendant la guerre civile, qui devraient avoir été rayés de la collection de nos lois. Ce sont : le décret n° 1564 contresigné par le ministre de la justice, relatif à la détention des prisonniers dans des forteresses, soumises à l'autorité militaire, alors que cette dernière était la seule compétente pour faire interner ou relâcher les détenus ; le décret n° 1565 sur *la liberté de la presse,* bien qu'il ait pour objet d'anéantir cette liberté ; le décret n° 1566 sur l'entrée et l'expulsion des étrangers, qui excita des protestations tellement énergiques, de la part de leurs représentants, que le gouvernement se vit obligé de l'abroger par le décret n° 1609 ; le décret n° 1560, qui serait digne d'avoir été promulgué en l'année correspondante à son numéro d'ordre tant le principe qui y est contenu (de considérer comme pirates les navires révoltés de la flotte nationale) est éloigné des idées actuelles sur ce point.

Facultés de médecine. — Le décret n° 1482 du 24 juillet réglementa les Facultés de médecine et de pharmacie de la République. Ce décret, établissant en détail la constitution de ces instituts et l'organisation de l'enseignement spécial qui en est l'objet, est un véritable code comprenant 238 articles. Les Facultés seront entièrement libres en tout ce qui concerne l'enseignement de la médecine, et le contrôle de la capacité

des médecins, soit pour le professorat, soit pour l'exercice de la médecine. Chacune des Facultés comprendra des cours des sciences médi-
cales et chirurgiques, de pharmacie, d'obstétrique et d'odontologie distribués entre vingt-neuf chaires, tenues par un nombre égal de professeurs titulaires, assistés de 13 professeurs auxiliaires, et de 20 *internes*,
choisis parmi les élèves des cours. Il y aura 16 laboratoires desservis
par 17 préparateurs, etc. Pour l'enseignement clinique, chaque Faculté
aura un hôpital et une *Maternité*.

Ecole de Mines. — Cette école a été nouvellement réglementée par le
décret n° 1546, du 18 septembre. Elle a été fondée dans le but de préparer des ingénieurs des mines. L'enseignement a été divisé en deux
cours : enseignement fondamental et spécial. Les matières des deux
cours ont été partagées entre 29 chaires, tenues par 14 professeurs titulaires, 7 substituts, et un professeur de dessin.

Archives nationales. — Cet important établissement a la mission
d'acquérir, de garder et d'entretenir tous les documents sur la législation, l'administration, l'histoire et la géographie du Brésil. La Bibliothèque est ouverte au public pour l'étude et la consultation des documents
pendant toute l'année, excepté le mois de janvier. La partie administrative a été réformée par le décret n° 1580 du 31 octobre.

Service sanitaire des ports. — Par le décret n° 1498 du 3 août, le gouvernement avait déclaré qu'à partir de cette date, la convention sanitaire conclue entre le Brésil, la République argentine et la République
de l'Uruguay serait annulée, vu la notification du 14 juin 1892. En conséquence il réorganisa le service sanitaire des ports par le décret n° 1558
du 7 octobre, qui créa un bureau central sous la dénomination de *Ins-
pectoria geral de saude dos Portos*. Ce bureau fut chargé : de la direction
des secours médicaux aux gens de mer ; de la police sanitaire des navires et des mouillages ; du service de la prophylaxie internationale ; de
la surveillance de l'exécution des traités sanitaires entre le Brésil et les
autres nations. L'inspecteur général, chef du service sanitaire exercera
ses fonctions personnellement dans le port de Rio de Janeiro, et par
l'entremise de ses agents, dans les ports maritimes et fluviaux de la République. Les règlements de ce décret sont très minutieux ; ils renfer-
ment tout ce qui concerne les visites sanitaires des embarcations, les
patentes de santé, les mouillages sanitaires, les quarantaines, les lazarets et les hôpitaux maritimes, etc.

Assistance médico-légale des aliénés. — Cette branche du service sani-

taire, constituée dans le but de secourir gratis ou moyennant rétribu-
tion les individus, sans distinction de sexe, de nationalité ou de provenance, se trouvant dans la nécessité de suivre le traitement spécial
de la folie, fut réorganisé par le décret n° 1559 du 7 octobre. L'administration et le traitement interne du grand hospice de Rio de Janeiro,
du pavillon d'observation réservé à la clinique psychiatrique de la Faculté de médecine et des colonies destinées aux malades indigents ca-
pables d'exercer un métier, tels ont été les services réglementés par ce
décret.

Élections fédérales. — La loi n° 184 du 23 septembre et le décret
n° 1542 du 1er septembre contiennent quelques instructions électorales
d'intérêt local. Ce décret fixa à 212 le nombre de députés au Congrès,
d'accord avec la Constitution fédérale qui établit la proportion de 1 député pour 70.000 habitants. La distribution des députés mit en évidence
l'extraordinaire inégalité de population et de représentation des États.
C'est ainsi qu'on voit celui de Minas avec 37 députés, ceux de São
Paulo et Bahia avec 22, tandis que plusieurs autres États n'en peuvent
élire que 4.

RELATIONS EXTÉRIEURES.

Secrétariat d'État. — Le décret n° 1205 du 10 janvier en réglemente
le service, ou plutôt modifie par des mots l'ancien règlement, attendu
que le service demeure à la charge d'un directeur général et de quatre
directeurs de section, avec la même concentration des affaires dans les
mains du directeur général qui règne en maître absolu dans le ministère. Le ministre du portefeuille n'a même pas la liberté de choisir
le chef de son cabinet, le règlement lui imposant pour cette charge un
employé du secrétariat, subordonné au directeur général, qui restera
à son poste, tandis que les ministres s'en iront emportés par le
tourbillon politique.

Commissions rogatoires. — Le décret n° 1395 du 18 mai est relatif à
l'exécution d'un accord sur les commissions rogatoires (*cartas rogatorias*)
conclu le 8 juin 1891 entre le Brésil et le Pérou et approuvé par le Pouvoir Législatif des deux nations.

Selon cet accord, les commissions rogatoires ayant pour objet une
simple citation ou une sommation dans les États de Pará et d'Amazonas
ainsi que dans le département de Loreto, seront légalisées par les consuls
respectifs et envoyées aux juges compétents par l'entremise des gouverneurs de ces États ou du préfet péruvien.

Nouveaux postes. — Par le décret n° 1429 du 10 juin, le Gouvernement crée en Chine une légation de 1re classe avec un secrétaire, un consulat général de 1re classe et deux consulats.

MARINE.

Forces de mer. — La loi n° 144 B, du 8 juillet, établit le contingent de la marine, dans l'exercice de 1894, de la manière suivante :

4.000 marins nationaux ;

124 — de la Compagnie de Matto-Grosso ;

500 — engagés ;

500 chauffeurs ;

3.000 élèves-matelots.

En cas de guerre, le Gouvernement pourra augmenter ce personnel, selon les besoins du service.

Les conditions dans lesquelles s'effectuera l'engagement des marins sont annexées à la loi. Les engagés seront classés et promus comme les marins nationaux ; ils jouiront des mêmes avantages et, à la fin de leur engagement, auront en outre la préférence pour les emplois dans les établissements de la marine et dans les capitaineries des ports. L'engagement sera d'au moins trois années.

Bureau de la carte maritime. — Telle est la dénomination du nouveau bureau dans lequel on a réuni l'administration des phares, le service hydrographique et le service météorologique, selon le décret n° 1347 du 7 avril.

Corps de santé de la flotte. — Le décret n° 1348, de la même date, réorganise et réglemente cette branche de l'administration comprenant non seulement le personnel chargé du service sanitaire de la marine, c'est-à-dire les médecins, pharmaciens, élèves pensionnaires, praticiens infirmiers, etc., mais aussi l'organisation du bureau central sous la direction de l'Inspecteur général, le Conseil supérieur et les Conseils locaux (*juntas*), partout où il y aura des établissements ou des forces de la marine. Mais tout ce travail de l'amiral Mello, alors ministre de la marine, fut rapporté plus tard, lorsqu'il se mit à la tête de la révolte, par le décret n° 1572 du 19 octobre, qui rétablit les anciens règlements.

École de mécaniciens industriels et de pilotes. — Le décret n° 1362 du 20 avril créa dans l'État de Pará cette école pour la marine marchande, mettant ainsi à exécution des lois du Congrès.

Cette école comprendra deux cours d'enseignement : celui de mécanique et celui de l'art nautique. La durée de chaque cours sera de trois années, deux pour les études théoriques et une pour les études pratiques.

Les professeurs seront nommés par le Gouvernement fédéral après concours.

Le directeur de l'Ecole sera l'inspecteur de l'arsenal.

GUERRE.

Forces de terre. — La loi nᵒ 161 du 17 août établit l'effectif des forces de terre à 24,877 hommes pour l'exercice budgétaire de 1894, le gouvernement ayant la faculté de porter ce nombre au double ou à un chiffre supérieur si des circonstances extraordinaires le réclament.

Les volontaires auront en plus de leur solde, comme gratification, la moitié de la solde d'un soldat, et si à la fin de leur engagement ils veulent rester sous les drapeaux, ils auront une gratification correspondant à la solde entière et en outre un lot de 1,089 ares dans les colonies de l'Union. Les mêmes faveurs seront étendues aux recrutés qui réengageront.

Tribunal suprême militaire. — Ce tribunal fut organisé par la loi nᵒ 149 du 18 juillet. Il siège dans la capitale fédérale et se compose de 15 membres : 8 appartenant à l'armée de terre, 4 à la marine et 3 juges civils, tous nommés à vie par le Président de la République. Ce tribunal est compétent pour juger en deuxième et dernière instance les crimes militaires ainsi qualifiés par les lois; pour instruire et juger les crimes de la même nature commis par ses membres; pour donner son avis sur les questions militaires qui pourraient être soumises à son appréciation par le Président de la République, etc. Le président du tribunal sera le général le plus élevé en grade parmi ses collègues.

Militaires employés dans des travaux publics. — La loi nᵒ 183 du 20 septembre, décrète que les officiers et les soldats de l'armée seront employés à l'étude et aux travaux de construction du chemin de fer de Catalão à Cuyaba (une voie stratégique). Dans le budget, on affectera au ministère de l'Industrie le crédit nécessaire pour attribuer des gratifications spéciales aux officiers et aux soldats.

La collection des lois et des décrets de l'année n'offre rien d'important au sujet des services de ce ministère. C'est à peine si l'on y rencontre la loi n° 193 du 9 octobre, qui autorise le gouvernement à réorganiser le bureau central des télégraphes, et celle n° 194 de ce même mois qui contient pareille autorisation pour le service de la poste fédérale.

Immigration. — Les dépenses relatives à l'introduction d'immigrants s'étaient accrues extraordinairement.

En effet, ces dépenses étaient en :

1888	de	2,196	contos
1889	—	6,514	—
1890	—	12,652	—
1891	—	33,628	—

Dans cette dernière année, le crédit budgétaire alloué à ce service était de 10,000 contos. Au moment de la discussion du budget au Sénat, on attaqua vivement l'arrêté du 17 janvier, par lequel le ministre de l'Industrie établit en Europe une surintendance générale de l'immigration avec un bureau central et plusieurs commissaires fiscaux, en ouvrant un crédit de 200 contos au change de 27 sur les fonds attribués au service de terres publiques et de colonisation du budget de l'exercice courant. Ce crédit d'ailleurs était insuffisant vu le nombreux personnel de cette surintendance généreusement payé, les frais d'installation, les rémunérations supplémentaires pour des déplacements des voyages, etc. Et tout cela sans une loi, sans un décret, seulement par un acte arbitraire du ministre.

1894.

La révolte de la marine dans le port de Rio de Janeiro était encore le point de mire de tous ceux qui envisageaient la situation politique du Brésil au commencement de cette nouvelle année.

Nous avons déjà esquissé (voir l'aperçu politique de 1893) le fait de l'intervention de quelques gouvernements étrangers dans la lutte engagée entre la marine et le vice-président de la République. Maintenant nous devons remarquer que, tandis que les commandants des navires de guerre européens conservaient leur neutralité, ayant acquis la certitude, par le compromis du 5 octobre 1893, que la ville de Rio ne serait pas bombardée, le vice-amiral Benham qui venait d'assumer le commandement de la flotte nord-américaine, prit les fonctions d'inspecteur général du port et déclara qu'il garantirait le déchargement des vaisseaux marchands battant pavillon des Etats-Unis.

Il faut dire que les fortifications de l'île *das Cobras* dominent les docks de la douane, et que le contre-amiral Saldanha da Gama, dans le but de priver le maréchal Peixoto du revenu du commerce d'importation, avait empêché le fonctionnement de tous les appareils de charge et décharge, de même que l'atterrissage dans les quais à portée de l'artillerie de ces mêmes fortifications.

Les vaisseaux marchands étrangers furent par conséquent obligés d'aller décharger plus loin, sous la surveillance de la marine révoltée qui défendait le débarquement d'articles de guerre. Tout cela était connu et toléré par les commandants des navires de guerre étrangers, y compris le prédécesseur de l'amiral Benham.

Cependant celui-ci profita de la première occasion pour accomplir un *acte de force* et, le 29 janvier, sous prétexte de protéger un navire de sa nationalité qui prenait une position contraire aux ordres du service, il mit son escadre en ligne de combat et menaça de faire couler bas tous les navires révoltés; il alla même jusqu'à faire tirer un coup de canon qui atteignit un de ceux-ci.

Cette intervention directe et matérielle du gouvernement des Etats-Unis, tolérée par les autres puissances qui avaient déjà empêché l'action de la flotte révoltée contre la ville, rendait insoutenable la position du contre-amiral Saldanha da Gama dans la baie de Rio de Janeiro; mais celui-ci s'obstina à y rester.

Le 9 février, il fit une descente dans la ville de Nictheroy, où un combat acharné et sanglant, de plus de douze heures, mit à une triste épreuve le courage des deux partis en présence. Six cents marins ne pouvaient faire face aux cinq mille hommes composant la garnison de la place, et furent repoussés, mais seulement après avoir encloué l'artillerie qui tirait constamment contre les navires révoltés.

Le contre-amiral Saldanha da Gama, qui commandait l'action en personne, fut blessé; la moitié de ses braves compagnons fut mise hors de combat; les pertes subies par les troupes de terre furent trois fois supérieures aux siennes. Et tout cela sans aucun profit pour la cause de la révolte : les canons, après quelques jours de réparation, continuèrent à tonner et la position du contre-amiral devint encore plus critique; elle n'était pourtant pas encore désespérée. D'abord les troupes révolutionnaires du Sud s'étaient emparées des États de Santa Catharina et de Paraná et menaçaient la frontière de l'État de São Paulo; de là, elles pouvaient marcher sur Rio ou tout au moins obliger le maréchal Peixoto à distraire une partie de ses forces; ensuite, la marine révoltée pouvait, par un coup d'audace, anéantir la flotte que le maréchal avait organisée et qui se trouvait à ce moment-là à Bahia. Tel, paraît-il, était le plan des insurgés.

Le 21 février, le croiseur *Republica*, ayant à bord l'amiral Custodio de Mello, se présentait à l'entrée de la baie de Rio. Il envoya quelques boulets au fort de *Santa-Cruz* et fit des signaux auxquels la flotte insurgée répondit.

Dans la nuit, par un beau clair de lune, le cuirassé *Aquidaban*, qui était revenu dans le port de Rio, força pour la troisième fois la ligne des forteresses et batteries du gouvernement sans subir de dommages sérieux et se réunit au *Republica* qui était accompagné d'un torpilleur. L'amiral Mello cingla vers le nord, mais au lieu d'aller à la rencontre des adversaires, il fit volte-face et se dirigea vers le sud...

L'échec de Nictheroy et le départ de l'*Aquidaban* avaient profondément découragé les équipages du contre-amiral Saldanha da Gama qui ne songea plus à les soumettre à de nouvelles épreuves. Il savait bien qu'il ne lui restait qu'à attendre le résultat de l'expédition confiée à son collègue. On peut s'imaginer quelle amère déception il éprouva lorsqu'il apprit le retour de ce dernier à Santa Catharina et quand il se vit abandonné juste au moment où allait se produire le choc décisif que le maréchal Peixoto avait préparé de longue main.

Le 10 mars, la flotte du gouvernement se trouvait à l'entrée du port de Rio, les forteresses et les batteries qui entouraient la baie étaient prêtes à ouvrir le feu, et tout le long des quais qui bordent la ville, les troupes de la garnison, protégées par des remparts construits *ad hoc*, étaient disposées à l'action.

Le contre-amiral Saldanha da Gama, isolé dans les trois îles qui lui obéissaient, disposait alors seulement de quelques navires avariés et mal armés, des fortifications de l'île *das Cobras* et de *Villegaignon*, fortement endommagées par une canonnade de sept mois, et de quelques centaines d'hommes déjà découragés et exténués par le service et par les maladies. Il se trouvait à bout de provisions et de munitions. Que pouvait-il faire? Bombarder la ville? Il est vrai que l'intervention étrangère ne l'en empêcherait plus, mais il n'aurait jamais voulu attirer sur lui et sur la marine insurgée l'odieux d'un pareil acte. Résister avec les faibles ressources dont il disposait? C'eût été sacrifier sans aucun résultat la vie de ces marins dévoués et de ces jeunes élèves de l'Ecole navale qui pouvaient rendre encore de plus utiles services a la patrie. Dans ces circonstances désespérées, il ne trouva rien de mieux à faire que de demander asile pour lui-même et pour ses compagnons au commandant Augusto de Castilho, de la marine portugaise, qui avait alors sous ses ordres, à Rio, deux petits bâtiments : les corvettes *Mindello* et *Affonso de Albuquerque*.

Le 11 mars, les représentants des puissances étrangères reçurent la notification officielle que, dans un délai de quarante-huit heures, on commencerait les opérations contre les révoltés. Le commandant portugais qui avait généreusement accueilli la demande de Saldanha da Gama, accompagnée en même temps d'une proposition de capitulation, s'adressa au maréchal Peixoto, lui fit part de sa détermination de donner asile aux insurgés et lui présenta les bases de la capitulation. Le maréchal acquiesça par un geste significatif à la concession de l'asile (que le ministre des affaires étrangères déclara être un *droit sacré* que le commandant exerçait); mais quant à la capitulation, il la refusa dans les termes suivants : *le gouvernement ne peut accepter aucune proposition faite par des militaires rebelles*.

Le 13 mars, c'était le *dies iræ* comme l'annonçait la presse du gouvernement, et celui-ci en avait prévenu la population de Rio par un bulletin officiel distribué le dimanche, 11 du même mois.

Dès lors, les 600,000 habitants de la ville commencèrent à émigrer à la recherche d'un lieu de refuge dans les environs, au milieu d'un désordre indescriptible; pendant toute la journée du 12 et la matinée du 13 ce mouvement prit un caractère de véritable affollement. Et cependant le maréchal Peixoto qui était déjà informé que les révoltés abandonnaient la lutte, non seulement resta impassible en face de ce spectacle navrant, mais encore, au moment désigné, il fit rompre le feu de toutes ses batteries *pour l'écrasement définitif* des insurgés. Il était furieux de voir échapper à sa vengeance haineuse les *militaires rebelles* qui se trouvaient hors de portée des canons de dynamite, des torpilles, des obus des cuirassés et des batteries, achetés et préparés au prix de tels sacrifices! La colère l'aveugla; il exigea que les réfugiés lui fussent livrés, mais le digne commandant Castilho ayant catégoriquement refusé de le faire, il entama un conflit international en envoyant ses passeports au ministre du Portugal. En même temps il sollicitait l'intervention du gouvernement anglais auprès de celui du Portugal dans le but d'obtenir ce qu'il recherchait avec un acharnement dont seulement les exécuteurs des hautes œuvres pourraient soupçonner les motifs. La réponse du gouvernement britannique fut on ne peut plus défavorable; non seulement il refusait d'intervenir dans la question, car s'il se trouvait dans les mêmes circonstances que le Portugal il ne consentirait jamais à rendre les réfugiés, mais encore il avertissait le gouvernement du maréchal Peixoto que son insistance sur ce point risquait de l'entraîner dans une discussion compliquée avec l'Angleterre elle-même qui au commencement de la révolte lui avait prêté son appui en empêchant le bombardement de la ville de Rio.

Le maréchal Peixoto n'était pas un homme instruit. C'est ce qui explique sans les excuser ces coups de sabre portés à tort et à travers dans les principes incontestables du droit international en matière d'asile; mais ce qui est plus digne d'être remarqué c'est qu'il ait trouvé des agents assez dociles pour revêtir ces bévues des formules diplomatiques en exposant le Brésil à l'humiliation de la réponse du *Foreign Office,* et en le présentant devant le monde civilisé, comme ayant rompu avec le Portugal pour une *question de sang,* ainsi que M. Martens Ferrao, le distingué jurisconsulte portugais, qualifia la réclamation de la remise des réfugiés à la justice brésilienne.

Les corvettes portugaises quittèrent le port de Rio, le 17 mars, soustrayant le contre-amiral Saldanha da Gama et 492 de ses compagnons à l'application des clauses comminatoires des décrets barbares du 28 février et du 5 mars que le maréchal Peixoto venait de promulguer et qui équivalaient dans l'espèce à la mort avec infamie...

La révolte était terminée dans la baie de Rio et la débâcle des forces révolutionnaires eut partout son contre-coup.

L'amiral Mello après une attaque avortée contre le port et la ville de Rio Grande se réfugia à Buenos-Ayres en remettant le reste de sa division navale aux mains du gouvernement argentin; les troupes qui occupaient Santa-Catharina et Paraná reculèrent en toute hâte vers les contrées du sud.

La victoire du maréchal Peixoto était presque complète ; ses partisans s'en réjouissaient bruyamment, en même temps que les exécutions sommaires et secrètes dans les îles de la baie de Rio, dans les cachots et les forteresses, à Santa-Catharina, à Paraná, partout en un mot, faisaient disparaître des généraux comme le baron de Batovy, un brave de la guerre du Paraguay, des officiers de marine, comme le commandant Lorena, des citoyens illustres, comme le baron de Serro Azul, etc., etc., ainsi que les deux malheureux ingénieurs français Buette et Muller qui venaient cependant de rendre un signalé service en renflouant le célèbre cuirassé *Aquidaban* coulé dans le port de Desterro par une torpille de la flotte du gouvernement, après avoir été abandonné par l'amiral Mello. Par suite des réclamations du Gouvernement français, le Brésil paya 900.000 francs pour être partagés entre les familles de ces deux ingénieurs et de M. Deville, également fusillé. La liste des victimes de cette barbarie fut présentée au Congrès ; les deux Chambres, le Tribunal suprême fédéral, la presse discutèrent la responsabilité de ces faits contraires aux lois et à la morale.

Dans les malheureuses circonstances où la nation se trouvait, sous la pression de l'état de siège qui existait encore dans cinq États de l'Union, et tandis que des mesures d'exception et de terreur jetaient la crainte dans tous les esprits, on procéda, le 1er mars, à un simulacre d'élections de président et vice-président de la République et des membres du Congrès fédéral. Les candidatures militaires avaient été écartées. M. Prudente de Moraes, sénateur de l'État de S. Paulo et président du Sénat, fut élu Président de la République ; M. Manuel Victorino, sénateur de l'État de Bahia, vice-président.

Le nouveau Président était déjà très connu : républicain d'ancienne date, envoyé à la Chambre des députés sous l'Empire comme représentant de son parti, doué d'un caractère calme et conciliant, respectable par son honnêteté et la sincérité de ses convictions, il était considéré comme le plus apte à donner satisfaction au désir général d'avoir une administration civile et paisible dont la nécessité pressante était reconnue par tous les Brésiliens. C'est ainsi que cette élection confirma le courant de l'opinion publique en faveur du remplacement immédiat du gouvernement du maréchal Peixoto, ce qui assurerait la pacification du pays. Ce courant excita l'ardeur des partisans inconditionnels du maré-

chal qui discutaient publiquement l'annulation éventuelle des élections
générales du 1er mars, et étaient décidés d'organiser le *Club des Jacobins*
avec un programme de nationalisation du commerce, expulsion immédiate des étrangers suspects, abrogation de la loi de grande naturalisa-
tion, prompt renvoi des anciens monarchistes de leurs places dans l'administration, enfin tout ce qu'il faudrait pour que *le Brésil fût aux
Brésiliens et la République aux républicains.*

Le 7 mai l'ouverture du Congrès eut lieu. Le message présidentiel
commençait par un récit démesurément exagéré des événements de la
révolte où le spectre de la restauration monarchique y était présenté
sous des couleurs propres à dissimuler la cause véritable de la guerre
civile. Le conflit avec le Portugal était survenu par suite de l'asile
donné aux rebelles; le gouvernement de la République ne pourrait
sanctionner de son silence ou d'une simple protestation un procédé si
offensant et il réclama la remise des rebelles *non qu'il comptât l'obtenir,*
mais *parce qu'il avait le droit de l'exiger.* — Quelques-uns des représentants de la République à l'étranger n'avaient pas fait preuve, pendant la
révolte, *du dévouement qu'on en devait attendre.* — Les désastreux effets
de la révolution s'étaient fait sentir dans la marine de guerre avec une
intensité extraordinaire; l'esprit de *neutralité* s'était montré au point
que le gouvernement dut avoir recours à un amiral réformé; tout auto-
risait à croire que l'esprit de révolte avait contaminé la marine *presque
totalement...* Après cette réprimande adressée à la marine, venait l'apo-
logie de l'armée, de la garde nationale, des bataillons patriotiques, etc.
— Un grand nombre de fonctionnaires fédéraux *s'étaient montrés favorables à l'insurrection* et le gouvernement songeait *à donner à la République de meilleurs serviteurs.* — Le message traitait ensuite des divers
services administratifs, et exposait la situation du Trésor fédéral, en
prétendant justifier l'ouverture de crédits extraordinaires et supplémentaires qui s'élevaient déjà, dans l'exercice budgétaire de l'année, à
72.220 contos. Le maréchal Peixoto terminait son message par ces
paroles énigmatiques : « Je considère comme un devoir de vous révéler
une triste vérité : durant la révolte le pouvoir public a rencontré dans
son action des prétentions indues, des exigences exorbitantes, qui n'auraient pas surgi en d'autres circonstances. Par ces mots je crois en
avoir dit assez long pour que vous compreniez la nécessité de mettre le
Brésil en état d'être respecté, comme il le doit et comme l'exige sa
situation sur le continent américain. »

Dans ce message il n'y a pas un mot sur l'état de siège, alors que le vice-président de la République par décret du 13 avril l'avait prolongé jusqu'au 30 juin. Cette circonstance fut remarquée à la Chambre par le député M. Zama qui croyait à la pacification générale et présenta un projet en vue de la suspension immédiate de l'état de siège dans le district fédéral. La proposition fut soumise à l'examen de la commission compétente et la Chambre continua à s'occuper presque exclusivement de la validation des élections de ses membres. Le 22 juin le Congrès formé par la réunion des deux Chambres discuta le rapport définitif sur les élections présidentielles et l'approuva à l'unanimité. En conséquence le Président et le vice-président de la République élus furent solennellement proclamés au milieu des acclamations prolongées des députés et des sénateurs.

Le message tant attendu du maréchal Peixoto au sujet des mesures qu'il avait prises relativement à la révolte et à l'état de siège fut présenté avec des excuses pour le retard apporté dans l'accomplissement de ce devoir constitutionnel.

Vers la fin de juin la Chambre des députés discutait le projet de prorogation de l'état de siège tout en sauvegardant les immunités parlementaires; mais le maréchal Peixoto ne voulait pas admettre cette clause qui soustrayait à ses poursuites les membres du Congrès impliqués dans la révolte ; et afin de se débarrasser de toute contrainte pendant la dernière période de son administration, il fit présenter un projet ajournant la session législative. Ce projet détermina une grande agitation dans le Congrès et dans la presse; les partisans du maréchal l'appuyèrent de toutes leurs forces ; mais la majorité de la Chambre le repoussa par 68 voix contre 53, et la prorogation de l'état de siège jusqu'au 31 août fut votée avec la restriction concernant les immunités parlementaires. Au Sénat les débats furent aussi vifs qu'à la Chambre des députés et en même temps qu'on approuvait un amendement tendant à la suppression des immunités, on reprenait l'idée de l'ajournement du Congrès. Le projet fut renvoyé à la Chambre des députés, où les dispositions de la Constitution pour ce cas pouvaient le faire traîner en longueur. En effet on arrivait à la fin de juillet et rien n'avait encore été décidé ni au sujet de l'ajournement, ni relativement à l'état de siège. Ce dernier cependant subsistait depuis le 1er du mois sans une loi ou un décret du pouvoir exécutif, qui en présence du Congrès ne pouvait l'établir, et n'existait plus qu'en vertu de la force matérielle du maréchal Peixoto. Enfin après bien des allées et des venues, des discussions et des menaces de conflit, le Congrès envoya au vice-président de la République une loi portant la prorogation de l'état de siège jusqu'au 31 août avec la sauvegarde des immunités parlementaires. Malgré l'urgence de cette loi, le chef du pouvoir exécutif ne se donna pas la peine de la promulguer et ce fut le président du Sénat qui la fit publier le 4 août, après délibération de cette Chambre en séance secrète. Le projet d'ajournement des travaux législatifs renouvelé, et cette fois approuvé par une majorité d'une seule voix, dans la Chambre des députés, avait été aussi envoyé au Sénat, mais celui-ci le rejeta par dix-neuf voix contre dix. Ainsi se terminèrent ces deux affaires qui avaient absorbé tant de temps et avaient occasionné une rupture entre le maréchal et les dissidents de sa majorité parlementaire, devenue désormais minorité.

Une détente considérable dans le Congrès en fut la conséquence, et le manque de *quorum* pour les séances fit suspendre les projets en voie de discussion. De son côté le maréchal n'ayant d'autre moyen pour manifester son ressentiment refusa la sanction et renvoya à la Chambre des députés le projet de loi sous le titre de *Code des dispositions communes aux institutions d'enseignement supérieur*, pour cause d'inconstitutionnalité de ce code d'ailleurs contraire aux intérêts de la nation.

L'activité du maréchal se portait alors sur les affaires pendantes des divers ministères. Les promotions dans l'armée et la marine pour services rendus pendant la révolte, les honneurs militaires conférés à plusieurs civils y compris le grade de général à **M.** Castilhos, président de l'État de Rio Grande do Sul, les nominations de fonctionnaires dans toutes les branches de l'administration fédérale, la mise à la retraite et à la révocation d'officiers et d'employés publics *traîtres à la République*, etc., étaient décrétés en masse. On disait que le vice-président faisait une liquidation précipitée en vue de quitter le pouvoir, et la rumeur publique propagea cette opinion; mais il n'en fut rien. Le maréchal s'est toujours maintenu dans la réserve absolue qui lui était habituelle aussi bien relativement à ce fait qu'à l'intention qu'on lui prêtait de refuser de transmettre le pouvoir au nouveau président élu.

On ne pouvait délibérer au Congrès mais en revanche on y discutait. — Les membres de l'opposition ne perdaient aucune occasion de mettre en cause le maréchal, lui reprochant son attitude de mépris envers les deux Chambres législatives dont la présence ne l'empêchait pas de continuer à ouvrir des crédits extraordinaires et de pratiquer d'autres actes dictatoriaux, tandis que les ministres n'envoyaient pas même les documents indispensables à l'élaboration du budget, etc. Quelques défenseurs du maréchal rejetaient ces fautes en partie sur le Congrès lui-même qui se dérobait à ses devoirs en n'invitant pas franchement le gouvernement à lui présenter ses demandes de crédits et les documents nécessaires à la liquidation des dépenses de la Révolution, et en partie sur les ministres qui, alors que le Président de la République était préoccupé des grands intérêts et des graves questions de l'Etat, oubliaient complétement leurs devoirs. C'est ainsi que le ministre des Finances s'était engagé si avant dans des affaires louches concernant les loteries à Rio que le Président se vit obligé de le renvoyer. Un des défenseurs du vice-président s'écriait : « C'est l'entourage du maréchal qui est coupable des attentats politiques, des agissements électoraux, des contrats préjudiciables au Trésor, jetant ainsi un jour fâcheux sur la dernière phase de son administration; les prisons sont pleines de citoyens, victimes d'intérêts privés et de vengeances personnelles, qui ne furent pas même interrogés. Il faut que le maréchal connaisse les attentats qui ont été commis contre la liberté et contre le Trésor sous sa responsabilité, tandis qu'il était occupé à combattre la révolte »…..

Cependant le temps passait sans que même le budget et la fixation des forces de terre et de mer fussent seulement discutés. Les partisans de l'ajournement continuaient à pratiquer leur système qui consistait à se retirer de la salle des séances au moment du vote. Ils espéraient ainsi arriver à la fin de la période constitutionnelle sans qu'une loi de prorogation eût été votée, ce qui amènerait la clôture du Congrès *ipso facto*. Néanmoins cette tactique fut déjouée, et la prorogation fut décrétée jusqu'au 7 octobre.

Le district fédéral et plusieurs Etats, qui étaient en état de siège depuis le commencement de la révolte, le virent enfin levé le 1er septembre en vertu d'une proclamation du vice-président de la République.

Le Tribunal Suprême Fédéral qui était devenu une institution presque inutile faute de *ministres*,(c'est ainsi que l'on nomme les membres de ce Tribunal),put enfin fonctionner régulièrement, les sièges vacants ayant été pourvus de titulaires. Il commença à décider des demandes de *habeas corpus* formulées par les prisonniers politiques qui se trouvaient depuis longtemps sous les verrous n'ayant pas été interrogés, ni déférés à aucune juridiction et étant par conséquent illégalement détenus. Plusieurs d'entre eux furent mis en liberté par ordre de la Haute-Cour, entre autres, deux sénateurs et deux députés qui revinrent à leurs fonctions. Ils firent alors le récit inouï des souffrances morales et physiques supportées par eux dans leurs prisons.

Le Congrès avait à peine commencé la discussion du budget par celui du ministère des affaires étrangères, quand une nouvelle prorogation jusqu'au 6 novembre fut votée. Ce fut seulement le 5 octobre que le maréchal Peixoto envoya au Congrès son message exposant et justifiant les mesures exceptionnelles qu'il avait prises pendant la révolte. D'après ce document tout le sang versé, tout l'argent prodigué étaient indispensables au salut de la République; quant à lui, chef de la nation, il n'avait fait que son devoir et il assumait la responsabilité de tout.

Par un message secret le maréchal demanda un crédit de 27,000 contos au change de 27 pence (environ 63,000 contos papier au change qui était alors de 11 1/2) pour la reconstitution du matériel de l'armée de terre et de la marine. Cette demande s'appuyait sur des motifs tellement impérieux qu'un projet de loi accordant ce crédit fut immédiatement déposé au bureau de la Chambre.

Le maréchal qui avait auparavant refusé de sanctionner un projet du Congrès augmentant de quelques contos de reis les appointements des employés des secrétariats des deux Chambres, envoya un autre message en faveur de l'augmentation des soldes de l'armée conformément au tableau qu'il demandait au Congrès d'approuver. Il proposait aussi la remise des dettes que les fonctionnaires civils ou militaires morts au service de la République auraient contractées envers le Trésor. En ce qui concerne les soldes, le maréchal avait été devancé par la Commission de l'armée de terre et de mer au Sénat qui avait formulé et présenté un projet dans le même but. Quant aux appointements de ses employés, le Congrès maintint son acte. A la veille de transmettre le pouvoir, le maréchal renvoya le projet de fixation des forces de terre que le Congrès avait adopté sur la proposition du gouvernement mais avec diminution des effectifs de l'armée. Le Congrès accepta les raisons de non-sanction et l'effectif proposé par le gouvernement fut voté.

Le Sénat approuva en séance secrète les nominations d'un certain nombre de ministres au Tribunal Suprême Fédéral faites par le maréchal. Il rejeta celles des deux généraux de l'armée, du directeur des postes, et d'un beau-frère du ministre de la justice. Quant aux nominations des membres de la Cour des comptes, le Sénat en ajourna la décision jusqu'à l'organisation définitive de la Cour par le pouvoir législatif.

Ce fut seulement au cours de la deuxième prorogation du Congrès que le pouvoir exécutif lui fournit les documents nécessaires à l'établissement du budget. Une troisième prorogation devenait indispensable et le Congrès la recula jusqu'au 30 novembre.

Enfin le 15 novembre, date fixée par la Constitution pour l'avènement au pouvoir du nouveau Président de la République, M. Prudente de Moraes, était arrivé. Les appréhensions que l'on avait eues de ne pas voir cet événement se réaliser s'évanouirent et le maréchal Peixoto transmit en due forme la magistrature suprême de l'Etat à son successeur légitime.

Qu'allait faire le premier président civil de cette république proclamée naguère par l'armée et la marine et qui déjà avait été déchirée par une lutte sanglante entre ces deux forces? Saurait-il ou pourrait-il répondre au vœu des Brésiliens qui demandaient par-dessus toutes choses à entrer dans une ère nouvelle d'apaisement, de tolérance, de liberté véritable? L'avenir seul l'apprendrait.

Le manifeste emphatique dans lequel M. Prudente de Moraes s'associait entièrement aux actes et aux paroles de son prédécesseur, lui adressant des éloges démesurés alors que ce dernier n'avait même pas daigné assister à la cérémonie de son investiture et avait quitté le palais présidentiel sans rendre d'autre visite que celle qu'il fit au quartier général de l'armée, éveilla tout d'abord la crainte que, si M. Prudente de Moraes prenait possession de la Présidence, le pouvoir effectif n'en restait pas moins ailleurs... peut-être entre les mains de celui qu'il qualifiait du titre pompeux de *gloire de l'Amérique!*

Cependant la guerre civile n'avait pas cessé. Les forces *fédéralistes* qui après la défaite de la marine à Rio de Janeiro avaient évacué Paraná et Santa-Catharina se concentrèrent à la frontière de Rio Grande do Sul et plusieurs rencontres avaient eu lieu entre elles et les troupes du gouvernement. Le ministre de la guerre du maréchal Peixoto était toujours resté à côté du président Castilhos et les envois de soldats, de munitions de guerre et d'argent ne furent pas arrêtés un seul instant. On croyait en général que l'avènement de M. Prudente de Moraes au pouvoir amènerait la pacification; mais ses déclarations prouvèrent au contraire qu'il n'était que le continuateur de la politique du maréchal Peixoto, ce qui semblait être confirmé par le fait du rappel de l'ancien ministre de la guerre à la capitale fédérale et de la mission que le nouveau Président lui donna de retourner au sud comme chef du district militaire, en même temps que l'on renforçait l'armée de terre et la flottille qui opérait dans les eaux de Rio Grande. De leur côté les chefs de la révolution avaient résolu de poursuivre la guerre à outrance.

On pourrait croire que, dans cette question de Rio Grande, M. Prudente de Moraes agissait sous la poussée d'influences contre lesquelles il ne trouvait pas sage de lutter au moment où il commençait sa politique de réaction contre la violence et le gaspillage. Le ministère qu'il venait d'organiser indiquait son envie de baser son administration sur la tolérance, l'ordre, l'économie. M. Rodrigues Alves reprenait le portefeuille des finances. Quelques jours après les corps de la garde nationale et autres contingents irréguliers furent licenciés; l'artillerie et tout le matériel de guerre furent réintégrés dans les arsenaux; la plupart des nominations et des destitutions faites en masse et à la hâte par le maréchal Peixoto à la veille de son départ furent rapportées; les vaisseaux de guerre commandés par télégraphe furent décommandés de la même façon. Toutes ces mesures et bien d'autres encore étaient de nature à rendre le calme à l'esprit public : peu à peu la tranquillité remplaçait la surexcitation générale, la presse indépendante recommençait à paraître, et si ce n'est partout, du moins dans la ville de Rio, respirait-on plus librement un air que l'absolutisme et le *jacobinisme* avaient jusqu'alors un tant soit peu contaminé... Le Congrès, qui avait prorogé encore deux fois la session législative, n'était parvenu qu'à grand'-peine à voter vers la mi-décembre les lois relatives aux forces de terre et de mer et le budget pour 1895. Celui-ci aussi mal étudié que les précédents fut envoyé au Sénat à la dernière heure, ce qui provoqua les protestations légitimes d'un grand nombre de sénateurs.

La Chambre des députés avait accordé un *bill d'indemnité* au maréchal Peixoto en approuvant ses actes pendant la révolte malgré l'opposition énergique que firent quelques-uns de ses membres. Le Sénat ne prit aucune résolution à cet égard. Le Congrès termina ses travaux le 20 décembre.

FINANCES.

Situation financière. — Le Brésil, malgré ses ressources immenses et l'augmentation constante des revenus publics, se trouvait dans une situation financière profondément troublée. Les budgets peu ou même pas du tout étudiés, faute de renseignements et de documents, étaient toujours votés à la hâte dans les derniers jours des sessions législatives et n'avaient d'autre valeur que celle de chiffres alignés sur le papier. Le gouvernement s'en souciait peu et au moyen de crédits extraordinaires, supplémentaires et spéciaux mettait le Trésor en demeure de faire face à toutes ses dissipations masquées sous le prétexte du *salut de la République*. Mais les appétits grandissaient chaque jour davantage, les recettes budgétaires disparaissaient on ne sait trop comment et tous les moyens étaient bons pour se procurer de l'argent à quelque prix que ce soit : les dépôts de garantie et l'encaisse métallique des banques d'émission furent engouffrés; on eut recours à des emprunts onéreux faits aux banquiers du Brésil à Londres, ainsi qu'à des opérations de crédit dans le pays et à l'étranger si l'occasion s'en présentait, comme ce fut le cas avec la compagnie du chemin de fer *Oeste de Minas* qui fut un véritable emprunt de £ 3.700.000; enfin on pratiqua par-dessus tout le système d'émissions excessives et successives de papier-monnaie... Cette dernière opération produisit, cela va sans dire, tous ses effets les plus désastreux : un désordre épouvantable régnait dans les relations financières et économiques du pays, la dépréciation des valeurs devint générale, le change se précipita, la vie devint d'une cherté jusque-là inconnue.

Les recettes augmentaient, non que la production nationale se développât ou que l'on fit des économies, mais parce que les impôts annuels augmentaient à chaque exercice et cela d'une façon tellement exorbitante que les forces des contribuables s'épuisèrent peu à peu. Cependant on ne songeait pas à ramener les dépenses au niveau du revenu; bien au contraire elles subissaient une augmentation sans cesse croissante. Tout équilibre était perdu, le déficit était flagrant. On peut en conséquence réduire à sa juste valeur la démonstration des résultats des exercices de 1891, 1892, 1893 et du premier trimestre de 1894, présentée par le ministre des finances, M. Felisbello Freire, dans son rapport au Président de la République. D'après ce document les exercices sont toujours clos avec des soldes, mais malheureusement ce ne sont que des *soldes budgétaires*, véritables trompe-l'œil, ne servant qu'à dissimuler la vérité ensevelie dans la paperasse des bureaux. Néanmoins ces artifices permettaient au ministre de dire : « La richesse du pays est *incomparable et inépuisable*; ses forces vitales viennent de faire des prodiges de réaction salutaire au *grand émerveillement de l'étranger judicieux qui voit le danger plutôt du côté de l'Europe en paix que de celui de l'Amérique du Sud en guerre...* »

Cet...—appelons cela tout simplement *optimisme* du ministre,—le met en flagrante contradiction avec lui-même quand, dans un autre passage de son rapport, il dit : « Le moment est venu d'employer toute l'énergie nécessaire afin de porter remède à la *situation économique et financière* du pays qui est *très affligeante...* », ajoutant peu après que « si pendant *un demi-siècle environ de paix et de prospérité*, l'Empire ayant recours au système des emprunts n'avait pu parvenir à équilibrer les recettes et les dépenses, on n'avait pas le droit d'espérer cet équilibre de la République, encore dans la période de son organisation, etc. »

Quant à cela, nous ferons observer que, sous l'Empire, les budgets ont été parfois équilibrés au moyen de fonds d'emprunt qui augmentaient la dette, il est vrai, mais qui étaient *réels* et furent effectivement appliqués avec l'autorisation et le contrôle du Parlement aux nécessités publiques dans le but d'assurer le maintien de cette *paix et de cette prospérité demi-séculaire* dont le ministre donne un témoignage impartial ; mais maintenant, sous la République, le vide succède au vide, ainsi que l'a dit M. Léon Say, l'illustre économiste français, et on emmagasine le néant comme une force.

Dette publique et circulation fiduciaire. — Le rapport dont il vient d'être question, constate que la dette extérieure montait, le 31 décembre 1893, à la somme de 29.060.080 livres sterling ! la dette intérieure consolidée à celle de 902.544 contos ; la circulation fiduciaire à 676.917 contos y compris 285.745 contos de papier-monnaie de l'Etat.

Les crédits ouverts par le gouvernement s'étaient élevés à 87.219 contos.

Budget de 1895. — (Lois n° 265 et n° 266 du 24 décembre). *Les recettes* sont estimées à un total de 270.198 contos et comprennent les mêmes articles du budget de 1894 avec quelques altérations sur les taxes de l'impôt d'importation pour la consommation. Ainsi : les droits sur les allumettes sont portés au triple ; les tabacs et le gros sel payeront le double; les articles de luxe et de fantaisie continuent à payer les 30 0/0 additionnels sauf quelques altérations sans importance ; les boissons fermentées et liqueurs, les boissons et liquides alcooliques, les cartes à jouer, harnais et voitures, payeront 40 0 0 ; les taxes sur le sulfure de carbone sont diminuées de 50 0/0; celles sur le macaroni sont assimilées à celles des biscuits et de la pâtisserie ; les droits sur la futaille contenant de l'huile sont de 25 0/0, etc.

Le gouvernement est autorisé : à émettre des billets du Trésor jusqu'à concurrence de 25.000 contos comme anticipation sur les recettes, à reviser les tarifs douaniers, à consolider les droits d'importation ainsi que les autres taxes de douane en ramenant ces dernières à un type unique. Le gouvernement doit étudier un tarif général et un tarif minimum à appliquer, suivant les cas, aux produits étrangers. Pour faire face au déficit qui pourrait se produire, le gouvernement est autorisé à réduire les dépenses en supprimant les services et en congédiant le personnel dont il pourrait se dispenser, et à effectuer à l'étranger des opérations de crédit jusqu'à concurrence de 6.000.000 et, dans le pays, jusqu'à 100.000 contos.

Les dépenses fédérales sont fixées à 275.692 contos :

Ministère de la Justice.	15.039
Relations extérieures.	1.888
Marine	17.826
Guerre	36 736
Industrie, etc.	104.029
Finances	99.573

Les principaux articles de ce dernier ministère sont :

Service de la dette extérieure	13.388
— des emprunts de 1868-79-89	9.039
— de la dette intérieure consolidée.	18.112
Pensions	4.225
Retraites	3.299
Différences du change	29.550

Lois et Décrets divers. — Les ministres, en dehors de leurs appointements auront une gratification mensuelle d'un conto de reis pour les frais de représentation (Loi n° 266 du 20 décembre).

Le gouvernement établit un bureau de douane et de recouvrement des rentes fédérales dans la ville de Cuyabá, État de Matto-Grosso (Décret n° 1874, du 3 novembre).

La loi n° 143 A, du 20 juillet 1893 établit une douane dans la capitale de l'État de S.-Paulo, ville située dans l'intérieur du pays et qui n'a aucun port fluvial ou maritime.

Cette douane exigeait donc des règlements spéciaux pour le service d'importation, de déchargement et transport des marchandises à leur destination par la voie du port de Santos et la ligne de chemin de fer *S. Paulo Railway*, règlements qui ont été approuvés par le décret n° 1876 du 5 novembre. Les marchandises doivent être détaillées dans des factures de chargement faites en double au port de l'expédition ou de la provenance et expédiées sous bande à l'inspecteur de la douane de la ville de S. Paulo par l'entremise de celle de Santos, où un exemplaire de cette facture doit rester, tandis que l'autre sera envoyée à S. Paulo. Les marchandises seront débarquées conformément à la législation en vigueur et pourront rester temporairement dans les dépôts et magasins de la douane de Santos, ou être immédiatement chargées dans les wagons du chemin de fer qui les portera directement à la douane de S. Paulo. Ces règlements contiennent plusieurs dispositions relatives à la garantie du transport des marchandises et à la prohibition de la contrebande. Le service de la douane de S. Paulo est similaire à celui des autres douanes maritimes.

Régime douanier. — Le gouvernement notifia officiellement aux gouverneurs des États, qu'il avait dénoncé pour fin 1895 le traité de réciprocité avec les États-Unis par suite du vote du *tarif-bill* américain qui avait mis un droit de 40 0/0 sur les sucres importés.

Navigation de Cabotage. — Le Congrès fixa le délai de deux années pour la mise en exécution de la loi n° 123 du 11 novembre 1892, ordonnant que les navires employés à la navigation de cabotage entre les ports maritimes et fluviaux du pays prennent la nationalité brésilienne, conformément à la Constitution fédérale. (Loi n° 227 A, du 5 décembre.)

Employés de l'Administration financière. — Le concours pour l'admission aux places est modifié en vue des réformes et changements déterminés par la législation du nouveau régime politique (décret n° 2652 du 23 janvier).

JUSTICE ET AFFAIRES INTÉRIEURES.

Organisation de la justice fédérale. — La loi n° 221 du 20 novembre complète cette organisation ainsi que celle de la procédure établie par le décret n° 848 du 11 octobre 1890, en modifiant quelques dispositions de celui-ci et d'autres actes de date postérieure portant sur le même sujet. L'analyse de cette loi sera publiée dans un des prochains *Bulletins* de la Soc. de L. C.).

Frais judiciaires. — La loi nº 225 du 30 novembre autorise le gouvernement à reviser le règlement de ces frais en supprimant ceux fixés pour les juges et les fonctionnaires du ministère public du district fédéral, à l'exception des curateurs des orphelins et des absents, et en augmentant les autres frais. Elle établit une taxe judiciaire sur toutes les causes en instance, proportionnellement à leur valeur.

Appointements des fonctionnaires de justice. — La même loi augmente les appointements fixés par le décret nº 1,030 du 14 novembre 1890 dans la proportion ci-après désignée : 40 0/0 pour les procureurs publics et leurs auxiliaires ; 30 0/0 pour les autres fonctionnaires ; 25 0/0 pour les vice-présidents de la cour d'appel et 20 0/0 pour le président de la même cour. Les préteurs recevront 7 contos 200 mille reis, etc.

Système pénitentiaire. — Le pénitencier civil qu'on avait établi dans l'île de Fernando de Norouha est aboli. Les détenus qui s'y trouveront seront rendus aux autorités des États qui les y avaient envoyés (Loi nº 226 du 3 décembre).

En exécution de la loi nº 145 du 11 juillet 1893, une colonie correctionnelle a été fondée dans l'État de Rio de Janeiro. Elle est destinée aux individus condamnés en police correctionnelle pour vagabondage, etc.

Brigade de police et corps de pompiers. — Ces deux corps auront, dans le district fédéral, la même solde et autres avantages que ceux dont bénéficient les officiers et les soldats de l'armée (Loi nº 258 du 19 décembre). Le gouvernement est autorisé à créer un bureau de bienfaisance à la brigade de police (Loi nº 231 du 7 décembre). Le décret nº 1,685 du 7 mars réorganise provisoirement le corps de pompiers.

Conseil municipal du district fédéral. — La loi nº 85 du 20 septembre 1892, articles 7 et 83 relative à l'organisation du conseil municipal et à l'élection de ses membres a été modifiée par celle nº 248 du 15 et par le décret nº 1910 du 18 décembre. L'élection aura lieu le premier dimanche du mois précédant celui fixé pour le renouvellement du conseil (7 janvier). Le district fédéral est divisé en trois circonscriptions électorales et celles-ci en plusieurs sections. Chacune de ces trois circonscriptions électorales élira le tiers des membres du conseil, à savoir *cinq*. Chaque électeur votera pour cinq noms de candidats sur un seul bulletin; le candidat dont le nom est inscrit en tête du bulletin sera considéré comme ayant recueilli le vote au *premier tour* pour être élu moyennant le *quotient*, les autres candidats dont les noms suivent formeront le *second tour* pour être élus moyennant la *pluralité* des voix. Seront considérés comme élus au *premier tour* tous les candidats qui auront obtenu un nombre de voix correspondant au quotient de la division, *par cinq*, des bulletins dépouillés dans les diverses sections de chacune des trois circonscriptions. Si le nombre des élus au *premier tour* n'est pas suffisant pour compléter la liste des cinq membres, cette liste sera complétée avec les candidats qui, au *second tour*, auront recueilli le plus grand nombre de suffrages dans l'ordre du vote. Si le candidat, élu au *premier tour*, obtient des voix au *second*, il n'en est pas tenu compte. Dans le cas d'égalité des voix, au *second tour*, le candidat qui aura eu le plus grand nombre de suffrages au *premier tour*, sans toutefois avoir obtenu le *quotient*, sera proclamé comme élu. S'il y a égalité des voix dans les deux tours, le plus âgé des candidats aura la préférence. Le dépouillement du scrutin sera double et simultané. Dans le dépouillement du scrutin pour former le *premier tour*, le premier nom de chaque bulletin sera écrit par un seul membre du bureau. Les cahiers de dépouillement dans les diverses sections sont présentés à un bureau composé de tous les préteurs du district fédéral. Ce bureau est chargé du dépouillement du scrutin général de chacune des trois circonscriptions électorales.

Instruction publique. — Autorisé par la loi n° 191 B du 30 septembre 1893, le gouvernement organisa et réglementa par le décret n° 1652 du 15 janvier l'internat du *Gymnase National*, institut d'enseignement secondaire et préparatoire pour les cours d'instruction supérieure. Les orphelins pauvres, ainsi que les fils des professeurs publics et des citoyens qui ont bien mérité de la patrie y sont élevés et instruits gratuitement. Les élèves des autres classes de la société y sont reçus moyennant l'acquittement des frais de pension. Le cours général dure sept années; les matières de l'enseignement sont : la langue nationale, le latin, le grec, le français, l'anglais, l'allemand, les mathématiques, l'astronomie, la physique, la chimie, la géographie, la minéralogie, la géologie, la météorologie, la biologie, l'histoire générale et celle du Brésil, la littérature nationale, la sociologie et la morale, l'économie politique, le droit national, le dessin, la musique, la gymnastique, l'escrime et la natation. Les élèves sont soumis au régime disciplinaire des établissements militaires et forment un corps désigné sous le nom de *bataillon scolaire*, dont l'instruction spéciale est confiée à deux sous-officiers de l'armée. Les grades de ce bataillon depuis celui d'*élève commandant* jusqu'à celui d'*élève caporal* sont distribués d'après le mérite intellectuel et la conduite des élèves. Les élèves qui auront passé tous les examens de fin d'année avec succès doivent, en outre, passer un examen général de *capacité* (*madureza*). L'élève qui aura subi avec succès cet examen est admissible aux cours scientifiques supérieurs de la République. L'élève qui aura obtenu l'unanimité des voix des examinateurs dans les deux tiers des matières recevra le titre de *bachelier es-sciences et es-lettres*.

Les places de professeurs sont obtenues au concours. Le personnel administratif se compose d'un directeur, un vice-directeur, un secrétaire et un secrétaire-adjoint, un médecin, deux instructeurs militaires, tous nommés par décret du gouvernement. Les employés subalternes sont nommés par arrêté ministériel sur la proposition du directeur.

Sont annexés à l'internat : une bibliothèque pourvue de revues, journaux, globes, cartes géographiques, etc. ; des cabinets pour l'étude des sciences naturelles ; des salles d'armes, de gymnastique et un champ de manœuvre.

Code de l'enseignement supérieur. — Ce code, organisé par le Gouvernement et expédié par le décret n° 1159 du 3 décembre 1892, est approuvé par les Chambres avec quelques modifications sur la retraite des professeurs (Loi n° 230 du 3 décembre).

Bibliothèque nationale. — Cet établissement a reçu un nouveau règlement par le décret n° 1766, du 8 août. Il est divisé en trois sections : la première comprend les imprimés et les cartes géographiques ; la deuxième, les manuscrits ; la troisième, les estampes et la collection de numismatique. La Bibliothèque nationale reste ouverte toute l'année, excepté du 1er au 15 janvier et du 15 au 31 décembre, les dimanches et jours fériés. Le public est autorisé à lire et à consulter les ouvrages et à examiner les collections d'une façon absolument gratuite, depuis dix heures du matin jusqu'à neuf heures du soir. Il est interdit de copier ou d'emporter les livres, estampes, manuscrits, etc., sans avoir obtenu une permission *ad hoc* du gouvernement ou du Directeur. Le personnel de la Bibliothèque se compose du directeur, nommé librement par le Gouvernement, d'un secrétaire, de trois chefs et de six sous-chefs de section, éga-

lement nommés par le Gouvernement, mais après avoir passé un concours, ainsi que de plusieurs employés auxiliaires.

Hygiène publique. — Le laboratoire bactériologique et la Direction
sanitaire institués par les décrets n° 1171 et n° 1172 du 7 décembre
1892, sont réunis en un nouvel établissement sous la dénomination
d'*Institut sanitaire fédéral*. (Décret n° 1647 du 12 janvier.)

L'Institut est destiné: 1° à l'étude de la nature de l'étiologie, du traitement et de la prophylaxie des maladies contagieuses, ainsi qu'aux
recherches bactériologiques concernant la santé publique ; 2° à l'examen
des conditions micrologiques en général, et, en particulier, à l'étude de
la microscopie atmosphérique, des eaux (potables, du sous-sol, des
égouts et autres), du sol et de la végétation, par rapport à l'hygiène
publique ; 3° à établir le service de la statistique démographo-sanitaire;
4° à vérifier tout ce qui concerne l'exercice de la médecine et de la
pharmacie, y compris l'organisation d'un code pharmaceutique et l'a-
nalyse des médicaments dont l'autorisation de vente aura été deman-
dée; 5° enfin, à l'exécution des ordres du Gouvernement, relativement
aux mesures hygiéniques à prendre pour la défense contre l'invasion
des maladies exotiques et contre la propagation des maladies indi-
gènes dans la capitale fédérale. L'Institut dispose du laboratoire
pour les études bactériologiques, les analyses chimiques et thé-
rapeutiques, etc., ainsi que d'hôpitaux d'isolement. Le personnel administratif comprend : le directeur général, qui doit être médecin ainsi
que le vice-directeur, un secrétaire et plusieurs employés subalternes ;
le personnel technique, les chefs des laboratoires, les directeurs des
hôpitaux, leurs auxiliaires, etc. Les fonctionnaires sont nommés par décret gouvernemental, par arrêté ministériel ou par simple motion du
directeur général, d'après la catégorie à laquelle ils appartiennent.

Élections fédérales. — Le décret n° 1668 du 7 février approuve les
instructions relatives aux élections des Président et Vice-Président de la
République et des membres du Congrès fédéral qui doivent avoir
lieu le 1er mars et codifie les dispositions de la loi n° 35 du 26 janvier 1892, réglementée par le décret n° 1342 du 1er septembre 1893, mais
modifiée par la loi n° 184 de la même année.

La commémoration du maréchal Déodoro da Fonseca. — La loi n° 200,
du 3 août, porte qu'une statue du maréchal, représenté proclamant la
République, ainsi qu'un mausolée, seront érigés à Rio de Janeiro, aux
frais du Trésor.

Traité de commerce. — Le traité de commerce et de navigation conclu le 10 octobre 1891, entre le Brésil et la République du Pérou, est approuvé par la loi n° 203 du 20 août, et le Gouvernement est autorisé à établir la douane mixte mentionnée dans le susdit traité.

Mission en Chine. — Cette mission est rappelée, et les services autorisés par la loi n° 97 du 5 octobre 1892 sont suspendus, non seulement parce que les crédits affectés à cette affaire se trouvent épuisés, mais encore parce que la guerre entre la Chine et le Japon rend cette mission inutile et entrave les services (Décret n° 1896 du 25 novembre).

Examen des candidats. — Le Gouvernement, conformément au décret n° 997 B du 11 novembre 1890, établit les conditions d'admission aux postes de consul et de chancelier pour les candidats qui ne peuvent les obtenir sans subir auparavant un examen d'aptitude. Les matières de l'examen sont les suivantes : connaissance pratique des langues modernes, spécialement de l'anglais et du français; géographie commerciale et chorographie du Brésil; principes du droit des gens et notions des traités et du droit public du Brésil; législation consulaire, douanière et fiscale; droit commercial, maritime et du change ; notions des droits de famille et de successions; enregistrement civil; notions de jurisprudence notariale et rédaction officielle (Décret n° 1921 du 22 décembre).

Suppression d'un consulat. — Le consulat de Cardiff est supprimé, le Congrès n'ayant pas alloué de crédit pour les appointements du titulaire de ce poste (Décret 1931 A, du 31 décembre).

Émoluments consulaires. — Le décret n° 1875, du 5 novembre, contient un règlement pour le recouvrement des émoluments consulaires au moyen de timbres, d'après le tableau accompagnant le décret n° 1327 D, du 31 janvier 1891. Ce mode de recouvrement est employé dans les consulats dont les titulaires sont payés par le Trésor fédéral. Dans les autres, le recouvrement est fait au moyen de notes écrites, dont le Gouvernement prend connaissance. Les émoluments sont payés au change de 27 pence par *milreis*. Un exemplaire du tableau écrit en portugais et dans la langue du pays doit être toujours exposé dans les chancelleries des consulats. Les timbres sont délivrés par le ministère des Relations extérieures, en compte de mouvement avec les consuls, etc.

GUERRE ET MARINE

Armée de terre. — L'effectif de l'armée de terre dans l'exercice budgétaire de 1895, est fixé à 28.120 hommes plus 1.608 élèves-soldats (Loi, n° 264 du 20 décembre). Les engagés volontaires recevront, en dehors de leur solde, la gratification de 125 reis par jour; et s'ils renouvellent leur engagement, cette gratification sera portée au double. Les soldats ayant complété leur temps de service recevront un lot de terrain de 1.089 ares, soit à la zone des frontières, soit dans les colonies de l'Union.

Collège militaire. — L'admission des candidats est modifiée par le décret n° 1730 du 18 juin, qui établit une échelle de préférences, et les divers règlements ont été refondus en un seul, approuvé par le décret n° 1775 du 20 août.

Corps sanitaire. — L'admission des médecins et des pharmaciens est réglementée par le décret n° 1731, du 22 juin, de façon à mettre d'accord les dispositions des décrets n° 123 A, du 30 janvier 1890 et du 7 avril de la même année, de la loi n° 39 A, du 30 janvier 1892 et du décret n° 148 du 13 juillet 1893.

Un *laboratoire de microscopie clinique et bactériologique* est annexé à l'administration générale du service sanitaire, et le décret n° 1915 du 19 décembre en règle le fonctionnement.

Forteresses punies. — Les mesures de répression prises contre la révolte de la marine ne frappent pas seulement les personnes, elles atteignent même les *choses matérielles*. La ville de Desterro, capitale de l'État de Santa-Catharina, siège du Gouvernement révolutionnaire, eut son nom changé et devint *Florianopolis*; tous les bâtiments de la flotte insurgée reçurent aussi de nouvelles dénominations, mais on ne s'arrêta pas en si bon chemin; à leur tour, les forteresses des îles *das Cobras* et *Villegaignon* conservèrent, il est vrai, leurs noms, mais, ayant toujours relevé du ministère de la marine, pour les punir on les fit passer *sous la juridiction du Ministère de la guerre* (Décret n° 1697, du 25 avril).

Décrets barbares. — Nous qualifions ainsi les décrets n° 1681 du 28 février et n° 1685 du 5 mars : par le premier, le maréchal Floriano Peixoto déclara soumis à la juridiction militaire les crimes qui *avaient déjà été* ou qui *seront commis* par des militaires ou des civils dans les lieux occupés par des forces légales ou rebelles *pourvu que ces crimes soient mentionnés dans l'article 1er de la loi n° 631 du 18 septembre 1851* et se rapportent à la rébellion actuelle ; par le second, il étendit ses dispositions à tous les *autres crimes commis en contravention des lois militaires*. Afin qu'on soit à même de se rendre compte du désordre mental voisin de la folie qui a déterminé l'expédition de ces décrets il faut savoir que la loi du 18 septembre dispose :

Art. 1er. — *En cas de guerre extérieure* seront punis de la *peine de mort* dans la province où les opérations de l'armée impériale auront lieu, ainsi que dans le territoire allié ou ennemi occupé par la même armée : 1° les espions, etc.

Le même article § 6 dit : « Les crimes ci-dessus mentionnés seront soumis à la juridiction des Conseils de guerre, lors même que leurs auteurs ne sont pas militaires ».

Il est évident que cette loi martiale *visant expressément le cas de guerre extérieure*, ne pouvait être appliquée à une *révolte civile* sans la plus complète révolution des principes de justice et de droit. Cependant, il faut encore faire remarquer : 1° que la Constitution de la République n'autorise le gouvernement pendant l'état de siège qu'à *emprisonner* ou à *déporter* (art. 80 § 2) ; 2° que la même Constitution abolit la peine de mort, excepté dans les cas prévus par *la législation militaire* en temps de guerre (art. 72, § 21). Or, les deux décrets dictatoriaux ne faisaient pas partie de la législation militaire et ne pouvaient y être incorporés, vu l'incompétence du pouvoir exécutif pour les expédier.

En présence de l'énormité de cet attentat contre la Constitution, il n'y a pas lieu de relever le mépris du principe juridique de la non-rétroactivité des lois (spécialement en matière pénale). Cependant ces deux décrets ont mérité d'être approuvés par M. Prudente de Moraes qui, bien loin de les rapporter, s'est borné à déclarer qu'ils n'étaient pas applicables aux faits survenus après la cessation de l'état de siège, si ce n'est à Rio Grande où la révolution durait encore (décret n° 1902 du 30 novembre).

Ces *Actes du Pouvoir exécutif* se trouvent incorporés à la collection officielle des lois de la République ! Il faut rendre justice au parti de l'opposition de la Chambre des députés en reconnaissant l'énergie avec laquelle il a attaqué les *ukases* présidentiels ainsi qu'il a appelé ces décrets par lesquels la Constitution est outrageusement violée.

Marine. — L'effectif de la force navale pour 1895 se répartit de la façon suivante : 4.000 hommes pour le corps des marins nationaux, 300 chauffeurs, non compris 100 appartenant à la compagnie de Matto-

Grosso, 1.000 chauffeurs surnuméraires, 3.000 élèves-matelots et 400 soldats pour le corps d'infanterie de marine (loi n° 242 du 13 décembre). Le Gouvernement agira sur les compagnies de navigation subventionnées par l'Etat dans le but d'obtenir que leurs navires soient construits de façon à pouvoir servir de croiseurs en cas de guerre (même loi).

Le Gouvernement apporte des modifications dans le règlement du 30 septembre 1892, relatif au secrétariat du ministère de la marine et décide qu'un nouveau règlement sera élaboré en accord avec la loi n° 23 du 30 octobre 1891 et les autres règlements expédiés pour les secrétariats des divers ministères en exécution de la même loi (décret n° 1673 du 11 février).

Un *bureau d'électricité et de torpilles* est établi dans l'Arsenal de la marine de l'Etat de Matto-Grosso (décret n° 1715 du 16 mai). Deux écoles d'élèves-matelots sont installées, l'une dans l'Etat de Sergipe, elle comprend 200 élèves (décret n° 1874 du 3 novembre); l'autre, dans l'Etat des Atlagoas, elle comprend 150 élèves (décret n° 207 du 26 septembre).

Sur la demande du ministre de la Marine, amiral Elisiario J. Barboza, dans un rapport adressé au Président de la République, l'Ecole navale est réinstallée (décret n° 1926 du 27 décembre).

Marine et guerre. — Les appointements des fonctionnaires civils des arsenaux de la Marine et de la Guerre sont déterminés par la loi n° 240 du 13 décembre.

La solde et les rations des officiers et soldats de l'armée de terre et de mer sont réglées par la loi n° 247 du 15 décembre.

Le crédit de 27.000 contos au change de 27 pence pour le matériel de guerre, voté par le Congrès (loi n° 255 du 19 décembre) sur la proposition du gouvernement, fut distribué de la façon suivante: on alloua la somme de 15.000 contos au ministère de la Guerre et celle de 12.000 au ministère de la Marine (décret n° 1923 du 24 décembre).

INDUSTRIE. — VOIRIE. — TRAVAUX PUBLICS.

Chemin de fer central. — La loi n° 268 du 26 décembre augmente les appointements du personnel de cette ligne de chemin de fer, la plus importante du Brésil, et qui est exploitée par le gouvernement. Les employés de l'administration centrale, des stations de la ligne, du mouvement et de la locomotion, les ingénieurs et mécaniciens, les ouvriers mêmes bénéficient de cette augmentation qui cependant n'altère pas la contribution individuelle à la caisse de retraite des employés. En dehors des appointements fixés dans les tableaux qui accompagnent la loi, certaines catégories d'employés reçoivent des gratifications de 10 à 25 0/0 d'après leur mérite.

Postes et Télégraphes. — Ces deux branches de l'administration publique relevant du ministère de l'Industrie forment des départements tout à fait séparés.

L'administration générale des postes est réorganisée par le décret n° 1672 A du 10 avril. Il y a deux divisions principales : le service intérieur dans les limites de la République et le service extérieur avec les nations de l'Union postale. L'administration fédérale a le monopole de ces deux services et de tout ce qui concerne la fabrication, l'émission et la vente des timbres, cartes, billets, enveloppes et toute espèce de formules revêtues de timbres-poste.

La poste brésilienne est organisée comme celles des pays de l'Union internationale et les règlements sont très clairs et minutieux dans tout ce qui se rapporte à l'expédition, la réception et la distribution de la corrrespondance, ainsi que dans les services dont la poste se charge.

Le directeur général des postes est le chef de l'administration. Il y a un administrateur dans chaque Etat ; ces fonctionnaires sont répartis en quatre catégories d'après l'importance de l'Etat où ils siègent.

En raison de la grande extension territoriale de l'Etat de Minas, on y a établi en dehors de l'administrateur ordinaire trois succursales.

La ville de Rio compte trois succursales directement reliées au Bureau central. Il y a des agents des postes dans toutes les villes, villages, bourgs, stations de chemins de fer ainsi qu'à bord des paquebots porteurs de malles, et dans les chemins de fer. Les nominations, les appointements, les attributions, les responsabilités de tout le personnel ; l'organisation intérieure des bureaux ; le transport maritime, fluvial et terrestre des malles postales, en un mot tout ce qui se rapporte à cette branche du service public est prévu et réglé par le susdit décret qui forme un véritable code comprenant 536 articles.

L'administration générale des Télégraphes est aussi réorganisée par le décret réglementaire n° 1663 du 30 janvier. Le droit d'établir et d'exploiter les lignes télégraphiques et téléphoniques desservant plus d'un Etat appartient au gouvernement fédéral. Ce droit peut être cependant transféré à des entreprises particulières. Les Etats, les compagnies de chemins de fer ou les concessionnaires d'une ligne télégraphique sont obligés de céder un fil parallèle pour le service fédéral, et si l'administration générale des télégraphes juge bon d'avoir plus d'un fil à sa disposition, elle a également le droit de les placer, mais à ses frais. L'entretien de ces fils reste à la charge du propriétaire de la ligne moyennant entente; quant à la surveillance, elle dépend toujours de l'administration.

Celle-ci peut prendre la direction des travaux des lignes particulières si les concessionnaires en font la demande. Un plan complet du réseau télégraphique de l'Union sera dressé.

Les femmes et les filles des télégraphistes peuvent être employées comme auxiliaires dans les conditions d'aptitudes établies par les règlements. Elles perdent leurs emplois si elles se marient avec une personne ne faisant pas partie du service des télégraphes.

Les stations sémaphoriques le long des côtes maritimes sont classées en stations proprement dites et en postes de vigie; leurs moyens de correspondance consistent dans les signaux du code international maritime.

Un réseau de stations météorologiques sera annexé aux stations télégraphiques.

La correspondance par télégraphe est un droit commun. Toutefois les télégrammes contraires aux lois, à l'ordre public, à la morale et aux bonnes mœurs sont refusés.

Le gouvernement a la faculté de suspendre le service télégraphique d'une manière complète ou partielle. Le secret des télégrammes est garanti.

Le service téléphonique est réglé par le même décret.

Le personnel de l'administration des Télégraphes se compose : d'un directeur général, d'un vice-directeur et des employés du secrétariat du bureau central à Rio de Janeiro; d'ingénieurs chefs et sous-chefs dans les districts; d'inspecteurs des lignes ainsi que des auxiliaires nécessaires.

La section technique comprend un ingénieur-chef, un ingénieur adjoint, un télégraphiste chef et autres employés A cette section sont annexés un bureau de dessin, une école télégraphique divisée en deux cours, l'un théorique et l'autre pratique, enfin une usine pour la fabrication et la réparation des appareils.

Le service de la comptabilité comprend trois sections et plusieurs bureaux. De même que celui des postes, le décret réglementaire forme un code de 558 articles.

La loi n° 227 du 4 décembre, autorise le gouvernement à prolonger la ligne télégraphique à travers l'Etat de Maranhaô jusqu'à la ville de Palma (Etat de Goyaz). En vertu de la loi n° 267 du 24 du même mois, le gouvernement a passé un traité pour la pose d'un câble *sous-fluvial* entre les capitales des Etats de Pará et d'Amazones.

Navigation subventionnée. — Le traité pour le service de navigation à vapeur entre les ports de Recife, capitale de Pernambuco, et de Fortaleza, capitale de Ceará, et de Recife à Aracajú, capitale de Sergipe, est renouvelé (décret n° 1790 du 3 septembre).

Le même service entre les ports de Belem, capitale de l'Etat de Pará et Fortaleza ayant comme point de départ la ville de San Luiz, capitale de l'Etat de Maranhão est également renouvelé (décret n° 1835 du 10 octobre).

Colonisation et immigration. — Le gouvernement est autorisé à dépenser mille contos dans l'accomplissement des travaux nécessaires au développement des colonies de la rive droite du fleuve Araguary, dans l'Etat de Pará (loi n° 269 du 26 décembre).

Dans le but de mettre en ordre l'expédition des titres de propriété des lots de terrain vendus aux immigrants en les rapportant à un type uniforme, le gouvernement décide de faire adopter les formules établies par le décret n° 1861 du 30 octobre.

APPENDICE

(Voir page 55)

La loi ci-dessous n'a pas été mentionnée dans l'*Annuaire de Lég. Et.*
par une faute de copie.

Auxiliaires du Procureur de la République. La loi N. 173-B du 10 septembre 1893 a créé les charges de premier et de second adjoints du Procureur de la République et celle d'avoué (*sollicitador*) du Trésor public
dans le district fédéral. Le premier adjoint, cumulativement avec le
Procureur de la République, et l'avoué exercent leurs fonctions devant
la justice du district (*Juizo seccional*); le second adjoint représente le
Trésor devant la justice locale.

Le service du recouvrement de la dette active fédérale est partagé
entre le Procureur de la République et le premier adjoint. Les autres
attributions du Procureur lui sont réservées ; toutefois il peut en com-
mettre une partie au premier adjoint. L'avoué remplit les devoirs de
son ministère sous la direction du Procureur et du premier adjoint.

Les adjoints sont nommés par le Président de la République parmi les
docteurs et bacheliers en droit ayant au moins trois années de pratique.
Le ministre des finances nomme l'avoué suivant la proposition du
Procureur de la République. Ces nouveaux fonctionnaires une fois
investis occupent leurs places tant qu'ils s'y conduisent bien. Le Procureur et les adjoints se remplacent réciproquement. L'avoué, en cas
d'empêchement temporaire, est remplacé par un autre *ad hoc* au choix
du Procureur.

Ces employés, indépendamment de leurs appointements fixes,
touchent des quotes-parts sur les sommes recouvrées et les frais
de justice.

Le Pouvoir exécutif saisira le Congrès fédéral des propositions concernant la création de la charge d'avoué dans les districts où il en
faudra. Les Procureurs de la République dans les Etats ont droit

aux quotes-parts des recouvrements et aux frais de justice taxés par la loi.

Le recouvrement de la dette active fédérale est réglé par le Décret N. 9885 du 29 février 1888 dans la partie non rapportée par le Décret N. 848 du 11 octobre 1890. Le paragraphe unique de l'art. 4 du Décret N. 1166 du 17 décembre 1892 est abrogé et le Pouvoir exécutif est autorisé à expédier les instructions nécessaires à l'exécution de cette loi.

TABLE DES MATIÈRES

1891

1892

1893

1894

www.ingramcontent.com/pod-product-compliance
Ingram Content Group UK Ltd.
Pitfield, Milton Keynes, MK11 3LW, UK
UKHW022042170726
13837UKWH00002B/742